Carl Gegenbauer

Zur Kenntnis der Mammarorgane der Monotremen

Carl Gegenbauer

Zur Kenntnis der Mammarorgane der Monotremen

ISBN/EAN: 9783743365018

Hergestellt in Europa, USA, Kanada, Australien, Japan

Cover: Foto ©berggeist007 / pixelio.de

Manufactured and distributed by brebook publishing software (www.brebook.com)

Carl Gegenbauer

Zur Kenntnis der Mammarorgane der Monotremen

ZUR
KENNTNISS DER MAMMARORGANE
DER
MONOTREMEN

VON

CARL GEGENBAUR.

MIT EINER TAFEL UND ZWEI FIGUREN IM TEXT.

LEIPZIG
VERLAG VON WILHELM ENGELMANN
1886.

HERRN

P. J. VAN BENEDEN
PROFESSOR DER ZOOLOGIE UND VERGLEICHENDEN ANATOMIE AN DER UNIVERSITÄT LÖWEN

ZUM 20. JUNI 1886

DEM TAGE DER FEIER SEINES FÜNFZIGJÄHRIGEN PROFESSOREN-JUBILÄUMS

GEWIDMET

VOM VERFASSER.

168030

Die Mammarorgane der Säugethiere bilden einen den Stamm der Mammalia so sehr auszeichnenden Apparat, wie dies kaum von einem anderen gesagt werden kann. Ist doch auf diese Organe und ihre Beziehungen zur Brutpflege ein bedeutungsvoller Unterschied von allen übrigen Wirbelthieren gegründet. Es muss daher Wunder nehmen, dass die genauere Erforschung dieser Gebilde bis jetzt nur wenig Bearbeitung gefunden hat, zumal das Integument, dem diese Organe angehören, indem sie von ihm aus sich bilden und es in vielfacher Betheiligung an ihrer Zusammensetzung erblicken lassen, der Gegenstand überaus zahlreicher Untersuchungen bis in die neueste Zeit gewesen ist. Und doch liegt hier noch viel verborgen, was für die Phylogenie der Mammalia wichtig werden kann.

Was ich hier zur Mittheilung bringe, betrifft zwar nur die Mammarapparate der Monotremen, dürfte aber doch einige nicht unwichtige Punkte, die bisher gänzlich dunkel waren, klar stellen.

Einer erschöpfenden Behandlung kann sich diese Publication jedoch nicht rühmen. Dazu war das Material zu unzureichend, theilweise auch in einem für die mikroskopische Untersuchung zu wenig günstigen Erhaltungszustande. Ich muss daher jenen Forschern, die sich bezüglich dieser kostbaren Objecte mir gegenüber in günstigerer Lage befinden, ergänzend und damit verbessernd einzutreten überlassen.

Der Darstellung meiner Untersuchung schicke ich einen kritisch-historischen Bericht voraus, und lasse ihr Reflexionen folgen. Der erstere soll Orientirung geben über den Stand der einschlägigen Fragen und meine Stellungnahme zu denselben begründen. Daraus ergibt sich dann die Motivirung der Inangriffnahme der Untersuchung. Die Reflexionen endlich begreifen die vergleichend-anatomische Verwerthung der ermittelten Thatsachen.

I.

Historisch-kritische Bemerkungen über die Mammarorgane der Säugethiere.

In diesen Zeiten habe ich von allen jenen Darstellungen abgesehen, welche unsere Organe, zumeist nur bei gelegentlicher Behandlung, beschreibend vorführen. Dass der äusserlichen Aehnlichkeit, welche die bezüglichen Theile darbieten, auch eine Uebereinstimmung der inneren Structur und der Genese zu Grunde liege, ist sehr lange allgemein verbreitete Meinung gewesen. Wenn auch vereinzelte bekannt gewordene Thatsachen dieser Meinung widersprechen konnten, so blieben sie zumeist unbeachtet und damit wirkungslos oder sie wurden falsch verstanden. Es waren also so gut wie keine Fragen aufgetreten, die Lösung erheischten, oder man verstand nicht solche Fragen aufzufinden. »Brustwarze« und »Zitzen« galten als homologe Bildungen, und für den Drüsenapparat fand sich noch weniger Grund zur Aufstellung von Verschiedenheiten und damit zum Weiterschreiten der Erkenntniss.

Aber schon die ersten, die Entwickelung der Milchdrüsen des Menschen betreffenden Untersuchungen, welche von C. Langer*) ausgingen, hatten ein Problem aufgeworfen. Sie zeigten, dass da, verschieden von anderen Drüsen des Integumentes, die einzelnen Drüsen von einer gemeinsamen Anlage ausgehen. Es bildet sich durch eine Wucherung der Epidermis ein »linsenförmiger Körper«, welcher eine Einsenkung des Integumentes einnimmt und ebenso über das Niveau der benachbarten Haut hervorragt. Von diesem Gebilde aus nehmen die einzelnen Drüsen ihre Entstehung, indem Zellstränge in die Lederhaut einwuchern, und zwar ist es, wie später von Kölliker** in theilweiser Bestätigung der Langer'schen Angaben gezeigt wurde, das Stratum Malpighii der Epidermis, von welchem, wie bei der Anlage anderer Hautdrüsen, die Entwickelung der einzelnen Milchdrüsen ausgeht. Die Papille, welche die Mündungen dieser Drüsen trägt, ist somit eine erst später entstehende Bildung. Die Gemeinsamkeit der ersten Anlage, wie sie in der primitiven Epidermiswucherung ausgesprochen ist, sowie die erst längere Zeit nach der Geburt erfolgende Papillenbildung liessen erwarten, dass hier nicht ein ursprünglicher Prozess in voller Klarheit vorliege. Es war zwar von vorneherein anzunehmen, dass in den Milchdrüsen Modificationen von Hautdrüsen vorlägen, umgebildete Hautdrüsen im Dienste einer neuen Verrichtung. Aber man musste sich fragen, ob der ganze Drüsencomplex nicht etwa aus einer einzigen Drüse hervorgegangen sei, da ja die erste Anlage einheitlich im »linsenförmigen Körper« Langer's sich darstellte. Mochte

---
*) Denkschriften der k. k. Acad. zu Wien. Math.-Naturw. Klasse Bd. III.
**) Entwickelungsgeschichte des Menschen. 1. Aufl.

man jener Meinung sich zuneigen, so ward ihr im späteren Verhalten des Entwickelungsganges keine Unterstützung zu Theil. Weshalb, konnte man fragen, kamen dann von den secundären Drüsenanlagen die besonderen Mündungen zur Oberfläche? Wo sonst einzelne Drüsen entstehen, da besteht für jede ihre selbständige Anlage. Der Fall, dass aus einer gemeinsamen Anlage viele Drüsen hervorgehen, ist ohne Analogie. Man konnte sich also durch die Kenntniss der Entwickelung zwar den Gang der Bildung vorstellen, aber er blieb unverständlich, so lange man nicht wusste, was es mit der gemeinsamen primären Anlage für eine Bewandtniss habe, was diese bedeute.

Einen Fortschritt zur Erkenntniss des gesammten Mammarapparates bezeichnet die Arbeit von M. Huss[*], in welcher zum ersten Male vergleichende Gesichtspunkte für diese Organe zur Geltung kommen. Huss bestätigt zum Theil die von Langer und Kölliker über die Entwickelung der Milchdrüsen des Menschen gemachten Angaben. Die erste, rein epidermoidale Erhebung mit ihrer Einsenkung in die Lederhaut, also Langer's linsenförmiger Körper, bildet das „Drüsenfeld". Die anfänglich bestehende Erhebung flacht sich allmählich ab, unter zunehmender Vergrösserung der Fläche. Dabei senkt sich das Drüsenfeld in die Tiefe. Vom Boden des Drüsenfeldes, und zwar von dem ihn bedeckenden Stratum Malpighii aus, wachsen Drüsenschläuche in die Lederhaut, die Anlagen der Milchdrüsen. Das etwas eingesenkte Drüsenfeld ist von einer leichten Erhebung umgeben, welche in das benachbarte Integument übergeht und nichts zu thun hat mit der ersten, inzwischen abgeflachten und eingesenkten Erhebung. Das etwas eingesenkte Drüsenfeld erhebt sich nun in seiner Mitte, und damit entsteht die Papille, welche die Mündungen der Drüsen trägt. Der rings um die Papille befindliche Theil des Drüsenfeldes mit dessen in die benachbarte Cutis übergehendem Rande bildet die Areola mammae.

Ganz verschieden von diesem Entwickelungsgange zeigen sich die Mammarorgane der Wiederkäuer. Ausser unbedeutenderen Eigenthümlichkeiten, wie eine frühzeitig stattfindende Wucherung des Integumentes, namentlich des subcutanen Bindegewebes an der Stelle des späteren Euters, macht sich die Anlage des Drüsenfeldes als eine sehr bald tief in die Lederhaut eingreifende epidermoidale Wucherung bemerkbar. Beim Rindsembryo bildet diese Anlage einen terminal kolbig verdickten Zapfen oder Strang, der zugleich von einer Erhebung der Cutis (Cutiswall) umgeben ist. Diese gesammte Bildung stellt die Anlage einer Zitze vor. Die Zitze erscheint also hier sofort als eine Erhebung, auf welcher das Drüsenfeld sich einsenkt. Vom Grunde des letzteren findet dann die Sprossung der Milchdrüsen statt. Diese letzteren

---

[*] Beiträge zur Entwickelungsgeschichte der Milchdrüsen beim Menschen und bei Wiederkäuern. Diss. Jena 1873. Auch in der Jenaischen Zeitschrift, Bd. VII, S. 176.

1. Historisch-kritische Bemerkungen über die Mammarorgane der Säugethiere.

münden dann nicht direct an der Oberfläche aus, sondern ihre Mündungen kommen ins Innere der Zitze zu liegen, nachdem aus dem Drüsenfelde im Innern der Zitze ein Lumen sich ausgebildet hat. Dieses repräsentirt dann den sogenannten »Strichcanal«. Daraus ergab sich für die Wiederkäuer ein ganz anderer Typus der Zitzenbildung, als beim Menschen in der Bildung der Brustwarze sich zeigte, oder mit anderen Worten: die Zitze der Wiederkäuer ist nicht jener des Menschen homolog, denn sie entspricht der Umrandung des Drüsenfeldes, die sich bedeutend erhoben hat und in dieser Erhebung fortdauert. Das Drüsenfeld selbst hat sich dagegen in die Tiefe gesenkt.

Durch diese Untersuchungen wurden neue Fragen angeregt. Ich versuchte sie zu beantworten*, indem ich die ontogenetischen Beobachtungen von Huss mit den Angaben verglich, welche bezüglich des Verhaltens der Zitzen verschiedener Säugethierordnungen vorlagen. Monotremen und Beutelthiere boten dabei die wichtigsten Befunde. Durch Owen** war der Mammarapparat der Echidna in einem, wie mir schien, sehr wichtigen Zustande bekannt geworden, und dieser Zustand war von dem bei Ornithorhynchus bestehenden ableitbar. Der letztere bot als Mammarorgan eine noch wenig modificirte Integumentstrecke, in deren Grund das Drüsenfeld lag, auf welchem eine grosse Anzahl recht ansehnlicher Drüsenläppchen ausmündete. Mit dieser Strecke verglich ich das Drüsenfeld. Ornithorhynchus bot mir also den indifferentesten Befund, wie er auch von Owen*** bei einer jungen Echidna erkannt worden war, der sich aber bei der erwachsenen Echidna weitergebildet hatte. Die Weiterbildung fand ich darin, dass hier das Drüsenfeld nicht mehr in einer Ebene mit dem übrigen Integumente lag, sondern eine Einsenkung bildete. Diese hatte Owen »mammary-pouch«, »Mammartasche« genannt. Sie sollte eine Einrichtung zur Aufnahme und zum Schutze des unreif geborenen Jungen vorstellen, welches seine Nahrung von dem hier ausmündenden Drüsenapparate empfing. Es war nichts einleuchtender als diese Vorstellung, die zugleich ein bedeutsames Licht auf die primäre Anlage der Mammarorgane beim Menschen und bei den Wiederkäuern warf. Durch die Vergleichung mit der Mammartasche von Echidna war das Befremdende von jenen Befunden abgestreift; denn man konnte jene ersten Anlagen des Drüsenfeldes mit seinen Einsenkungen als Mammartaschen betrachten, und damit als Bildungen, die physiologisch vollkommen verständlich waren. Indem ich diese Vergleichung herstellte, musste ich damit eine Wiederholung niederer Zustände, wie sie Monotremen zeigten, auch für die höheren Abtheilungen der Säugethiere statuiren. Jene niederen

---
*) Jenaische Zeitschrift. Bd. VII. S. 104 ff.
**) Philosophical Transactions. 1865. p. 671 ff.
***) Philosophical Transactions. 1832. p. 531. Anmerk.

Zustände wurden aber hier nur durchlaufen, stellten nur frühere Stadien vor. Die Mammartasche war hier ein vergängliches Gebilde geworden.

Auf diese Verhältnisse waren auch die Zitzen der Beutelthiere zu beziehen, resp. von solchen abzuleiten. Die Zitzen von Halmaturus waren zuerst durch Morgan[*] als wenig bedeutende Erhebungen des Integumentes bekannt geworden, welche terminal eine Grube trugen. Diese leitet in einen die Zitze durchsetzenden Canal, in dessen blindem Grunde eine Papille vorspringt. Deren Oberfläche trägt die Mündungen der Milchgänge. Beim säugenden Thiere tritt die Papille aus dem Grunde des Canales wie aus einer Scheide hervor, indem das saugende Junge sie umfasst. Sie streckt sich dann bedeutend in die Länge, da sie mit ihrem Hervortreten zugleich das Integument mit ausstülpt, welches im vorhergehenden Zustande die Auskleidung des die Papille bergenden Canales gebildet hatte. Die Vergleichung dieser Befunde mit den anderen lässt in dem ersten Zustande gleichfalls eine Mammartasche als Zitzenscheide erkennen, in deren Grund sich aber bereits eine Zitze gebildet hat. Die Entstehung der letzteren war aus der Anpassung des die Mündungen der Milchgänge tragenden Integumentes im Grunde der Mammartasche an den Mund des saugenden Jungen begreiflich.

So hatte sich in der Mammartasche eine sehr verbreitete Einrichtung erkennen lassen, welche als Ausgangspunkt für das Verständniss der mannigfaltigen Zustände der Zitzen der Säugethiere ungezwungen sich verwerthen liess. Es bestand sogar eine Nothwendigkeit, die complicirteren Befunde von jenem einfachen abzuleiten, wenn man überhaupt die Absicht hatte, nicht blos verschiedene Dinge zu beschreiben, sondern für dieselben morphologisches Verständniss, d. h. das Verständniss des logischen Zusammenhanges der Formerscheinungen, zu gewinnen suchte. Die Mammartasche repräsentirte aber nicht blos einen niederen, sondern zugleich auch einen indifferenten Zustand, da von ihm aus mehrfache und zwar divergente Formen sich herleiteten, zunächst die beiden schon von Huss einander gegenüber gestellten Typen. Zwischen diese liess sich das Verhalten der Zitzen der Beutelthiere einreihen. Sie boten Beziehungen nach beiden Seiten. Auf der einen Seite gewann die Mammartasche, vom Cutiswalle begrenzt, keine bedeutende Tiefe, indem eben der Cutiswall nicht in die Höhe wuchs. Dagegen bildete sich aus dem Boden der Mammartasche, resp. auf dem Drüsenfelde, eine Erhebung, die Papille mit den Mündungen mehrfacher Milchgänge. Diesem Typus reihte ich jene Säugethiere an, auf deren Zitze eine Mehrzahl von Oeffnungen als Ausmündungen von Drüsen besteht. Den zweiten Typus sollten jene Befunde vorstellen, in denen die Mammartasche sich in Folge einer bedeutenden Erhebung des Cutiswalles tiefer gestaltet, und mit ihrem Lumen dann

---

[*] Transactions of the Linnean Society. Tom. XVI. p. 61 und 455.

einen gemeinsamen Ausführgang für das Secret der im Grunde der Mammartasche ausmündenden Drüsen bildet. An die Wiederkäuer, bei denen dieser Typus am genauesten nachgewiesen war, glaubte ich auch die Einhufer anschliessen zu dürfen, indem ich die Zitzen der Pferde, welche zwei Ausführgänge enthielten, durch Concrescenz zweier, je nach dem Wiederkäuertypus gebauten Zitzen entstanden ansah. Das war nicht eine blosse Vermuthung, sondern stützte sich sowohl auf das Verhalten jener beiden Canäle, als auch auf die Stellung der Einhufer innerhalb des Ungulaten-Stammes. Diese Stellung zwang zu der Annahme, dass der Bau der Zitzen der Pferde jenem anderer Ungulaten nicht ganz fremd sein könne. Das wäre er aber, wenn die beiden auf den Zitzen mündenden Canäle einfach aus Ausführgängen von Drüsen hervorgegangen wären. Daher musste ich annehmen, dass jene Canäle Mammartaschen vorstellten. Es würden also auch den Einhufern ursprünglich vier Zitzen zugekommen sein, wie sie bei Wiederkäuern bestehen. Die beiden Zitzen wären auch nach demselben Typus wie jene der Wiederkäuer gebaut gewesen, und die jeder Seite hätten sich allmählich einander genähert, um schliesslich ihre Anlagen zu einer einzigen sich vereinigen zu lassen.

So vermochte man bisher sehr wenig gewürdigte Verhältnisse eines wichtigen Apparates nicht bloss im Einzelnen richtiger zu beurtheilen, sondern auch in ihrem Zusammenhange zu verstehen, und es ergab sich ein Einblick in die Phylogenie der Mammarorgane. Diese zeigte einfachste Anfänge bei Monotremen, und in diesen Anfängen zugleich die Grundlage für Differenzirungen, welche innerhalb der Beutelthiere sich noch am meisten an den früheren Zustand anschlossen. Von da aus zeigten sich divergente Verhältnisse, die nur in dem gemeinsamen Ausgangspunkte von der Mammartasche und dem Drüsenfelde derselben, auf einander beziehbar waren.

Dass das, was ich aus Angaben über Halmaturus für die Deutung der Zitzen der Beutelthiere folgerte, nicht falsch gegriffen war, vermochte ich später[*] aus der Anlage dieser Gebilde von Didelphys zu erweisen. Auch konnte in derselben Mittheilung eine Darstellung der Zitzen der Murinen gegeben werden, welche für diese Nagethiere ein mit den Beutelthieren in überraschender Weise übereinstimmendes Verhalten aufstellte. Es war demzufolge die Erwartung nicht unberechtigt, dass fernere Untersuchungen, die sich über andere Gruppen von Säugethieren erstreckten, die zahlreichen bei der bisherigen Forschung gebliebenen Lücken ausfüllen und bei erweiterter thatsächlicher Grundlage noch neue Gesichtspunkte eröffnen möchten.

Zwei Artikel brachten die von G. Rein im Strassburger anatomischen Institute über die embryonale Entwickelungsgeschichte der Milchdrüsen angestellten Unter-

[*] Morphologisches Jahrbuch. Bd. I. S. 166.

suchungen zur Mittheilung"). Die Untersuchungen sind über eine grössere Anzahl von Säugethieren (Embryonen von Didelphys und Halmaturus, von Mus musculus und decumanus, Lepus cuniculus, Talpa, Erinaceus, Felis, Canis, Sus, Bos, Capra, Ovis und vom Menschen) ausgedehnt, und brachten noch neue Gesichtspunkte, insofern die Resultate den von mir dargelegten Anschauungen zuwider liefen. Die erste Mittheilung enthält die Untersuchungen, die zweite die sogenannten vergleichend-anatomischen Ergebnisse und Schlussresultate nebst Nachträgen zu der ersten. Wir werden uns hauptsächlich mit der zweiten Mittheilung beschäftigen, zumal die erste keine einzige Beobachtung enthält, welche meinen Anschauungen über die Mammarorgane den thatsächlichen Boden entzöge. Allgemein wird das Bestehen einer ersten epithelialen Wucherung nachgewiesen, die primäre Epithelanlage, wie der Verfasser es nennt, das ist Langer's linsenförmiger Körper, oder das, was von mir als Anlage der Mammartasche gedeutet ward. Dass die von der Lederhaut gebildete Unterlage jener epithelialen Einsenkung durch die Modification ihres Gewebes »die Warzenzone« vorstellt, stimmt gleichfalls nur mit meinen Auffassungen überein. Das Gleiche gilt von dem Sprossen der sogenannten »secundären Epithelanlagen« von der »primären Epithelanlage«, oder mit anderen Worten: der sprossenden Milchdrüsenanlagen vom Grunde des Drüsenfeldes, oder vom Boden der Anlage der Mammartasche. Ein ferneres Resultat ist, dass der grösste Theil der »primären Epithelanlage« durch »Hormetamorphose« zu Grunde gehe. Den Rest jener Anlage bilde das Mündungsstück der Ausführgänge.

Wenn ich gegen alle diese Ergebnisse, bis auf das letzte, nichts einzuwenden habe, da sie meinen Deutungen zu gute kommen, so muss ich doch die Behauptung angreifen, dass in der Zitze der Wiederkäuer und der Brustwarze des Menschen nicht zwei verschiedene Typen ausgesprochen seien, und dass überhaupt jene Verschiedenheiten im Zitzenbaue nicht vorkommen, wie ich sie für mehrere einzelne Abtheilungen aufgestellt hatte.

Da ich mit der grossen Mehrzahl der thatsächlichen Beobachtungen Rein's übereinstimme, wird es nicht sehr schwer sein, zu finden, wie unser Verfasser zu seinen, in allen Hauptpunkten meinen Darlegungen widerstreitenden Behauptungen gelangt ist. Wir wollen die einzelnen Punkte näher betrachten. Die Zitze der Wiederkäuer entwickelt sich nach Rein »genau in derselben Weise«, wie die Papille des Menschen«. Dieses »genau« nimmt der Verfasser sehr leicht. Es erhebt sich in beiden Fällen der Drüsenboden, sagt er, d. h. jener Theil der Cutis, welcher »die primäre Epithelanlage« trägt. Der ganze Unterschied besteht nur darin, »dass bei den Wiederkäuern dieser Prozess der Erhebung des Drüsenbodens gewöhnlich

---
*) Archiv f. mikroskop. Anatomie. Bd. XX. S. 431 u. Bd. XXI. S. 678.

früher beginnt, als beim Menschen, und schneller und im grösseren Umfange vor sich geht, als bei diesem, und somit hier nur ein quantitativer und nicht ein qualitativer Unterschied vorliege». Wie man die zugestandene zeitliche Differenz sowie die gleichfalls zugestandene quantitative Differenz von vornherein als etwas so ganz untergeordnetes ansehen kann, ist höchst wunderbar. Noch auffallender ist, wie dem Verfasser entgehen konnte, dass das, was er als quantitativen Unterschied bezeichnet, ein eminent qualitativer ist. Beim Wiederkäuer erhebt sich sehr frühe die gesammte »primäre Anlage«, d. h. die Hautstelle, welche die Mammartaschenanlage trägt; beim Menschen ist das correspondirende Stadium sehr frühe gegeben, als eine nur schwache Erhebung, aber charakterisirt durch die gleiche primäre Anlage. Das, was Rein vom Menschen mit jenem Stadium des Wiederkäuers vergleicht, ist der Zustand seiner fünften Periode, wie er selbst angiebt. Es ist das Stadium, in welchem sich auf dem Boden der grösstentheils verschwundenen primären Epithelwucherung, welche die Anlage der Mammartasche darstellte, die Papille mit den mehrfachen Milchgängen zu erheben beginnt. Das ist ein Stadium, welches beim Wiederkäuer gar nicht zum Vorschein kommt. Es sind also toto coelo verschiedene Zustände mit einander in Vergleichung gebracht worden. Prüft man die bildlichen Darstellungen, so findet man bald die einander wirklich homologen Stadien heraus, die Rein ja auch nicht sinnlich entgangen sind, wenn er sie auch anders beurtheilte. So entspricht auf Taf. XXIX Fig. 23 von einem menschlichen Embryo dem in Fig. 29 vom Embryo eines Rindes dargestellten Stadium. Beide Figuren zeigen die »primäre Epithelanlage« oder die Anlage der Mammartasche. Dass diese letztere beim Rinde auf einer Erhebung der Cutis steht, ist etwas sehr unwesentliches im Vergleiche zur Uebereinstimmung der Mammartaschenanlage selbst. Statt die in dem hauptsächlichsten Punkte übereinstimmenden Stadien, welche auch zeitlich einander correspondiren, in Vergleichung zu ziehen, vergleicht Rein mit jener Mammartaschenanlage jenes Stadium beim Menschen, in welchem gar nichts mehr von jenem einmal vorhanden gewesenem Zustande besteht. Aber weil sich da etwas erhebt, die Papille, wie sich ja auch bei den Wiederkäuern etwas erhoben hat, welches die Zitze vorstellt, sollen diese Dinge mit einander zu vergleichen sein. Dass das, was sich bei den Wiederkäuern erhebt, etwas anderes ist als beim Menschen, das fällt dem Verfasser gar nicht ein in kritischen Betracht zu ziehen, er fertigt diesen Umstand damit ab, dass er sagt: es liege nur »ein quantitativer Unterschied vor«. Hier bilde die Erhebung eine geringere, dort eine grössere Portion! Zu einer solchen Auffassung hätte er gar keiner Untersuchung bedurft; dass die eine wie die andere Bildung eine Erhebung vorstelle, das wusste man ja längst, und hat sie, indem man die Erhebung allein im Auge hatte, längst als gleichwerthige Bildungen aufgefasst, freilich, wie ich gezeigt hatte, irrigerweise. Denn es ist doch

I. Historisch-kritische Bemerkungen über die Mammarorgane der Säugethiere.

keineswegs irrelevant, was sich erhebt, ob die gesammte Anlage „Wiederkäuer" oder von dieser Anlage nur ein sogar kleiner Theil „Mensch", und zwar genau derselbe, welcher im ersten Falle stets eingesenkt bleibt, also sich, für sich betrachtet, gar nicht erhoben hat. Da aber beim Menschen die nicht sich in die Papille erhebende Partie des Drüsenfeldes, oder vielmehr der Mammartasche, sich zum Warzenhofe umbildet, während die nämliche Portion beim Wiederkäuer keinen Warzenhof bildet, sondern in die Mündung der Zitze übergeht* wie Rein selbst angiebt, so möchte man glauben, dass dem Verfasser wenigstens von daher eine bessere Einsicht hätte werden müssen. Im Gegentheile! die Areola mammae ist ihm keine »so charakteristische Bildung, dass sie sich von ähnlichen Bildungen anderer Säugethiere unterscheiden liesse«. Und weshalb? Weil sie variabel im Umfang und in Pigmentirung sei, sich bei der Schwangerschaft verschieden vergrössere etc. Als ob das Gründe gegen die Besonderheit eines Organes wären, welches stets in den gleichen Beziehungen auftritt. Einem Theile morphologische Bedeutungslosigkeit zusprechen, weil er variire, heisst gar nicht verstehen, was morphologische Bedeutung ist. Alle rudimentären Organe sind variabel und deshalb sind sie doch von grösstem morphologischem Werthe! Während ich in der Thatsache, dass die Areola mammae sich beim schwangeren Weibe vergrössert, eine höchst wichtige Erscheinung erblicke, da sie das Organ in einer der ursprünglichen Function als Mammartasche adaequaten Veränderung zeigt, sieht unser Autor darin nur etwas Zufälliges! Wenn man dann wie gelegentlich der Widerlegung meiner Meinung bezüglich der Zitzenbildung der Pferde liest, dass man die Papilla mammae des Menschen »als aus mehreren einzelnen Warzen zusammengestellt ansehen darf«, so erkennt man darin nur den Ausdruck einer Begriffsverwirrung, welche dem Verfasser ein Hinderniss war, sowohl in Stellung der Fragen wie in Lösung derselben den richtigen Weg zu finden. Indem er, ohne zu prüfen, gleich von vornherein die Beziehungen der ersten Epithelanlage zu einer Mammartasche verwarf, hat er sich damit des wichtigsten Hilfsmittels begeben, für vieles, von ihm ganz richtig erkannte, die Verknüpfung zu finden. Diese sucht er dann durch Annahme unerwiesener Prozesse herzustellen. Ich beschränke mich auf diese Darlegungen, zumal einige andere Punkte von mir weiter unten berührt werden müssen.

Wenn die Aufgabe der vergleichenden Anatomie in der Aufhellung der

---

*) Ob die »primäre Epithelanlage« den ganzen Strichcanal herstellt, wie ich mit Russ annahm, oder nur das Mündestück, resp. den Verschlussheit desselben, wie Rein angiebt und wie ich es gerne zugeben kann, ist für die vorliegende Frage gleichgiltig. Der Hauptpunkt bleibt immer, dass vom Grunde jener »Epithelanlage«, die ich als Mammartasche deutete, keine Papille sich erhebt, dass also darin gegen das Verhalten beim Menschen der kritische Punkt gegeben ist.

I. Historisch-kritische Bemerkungen über die Mammarorgane der Säugethiere.

Phylogenie der Organe besteht, so ist dieses Ziel für die Mammarorgane durch eine spätere Arbeit mit besserem Erfolge erstrebt worden. Es geschah durch H. Klaatsch[*]. Dessen Untersuchungen »zur Morphologie der Säugethierzitzen« erstrecken sich nicht nur über eine grössere Anzahl von Säugethieren, sondern gehen auch von einem Standpunkte aus, welcher das Verständniss des Beobachteten förderte. Die auch von Rein gekannte Gleichartigkeit der ersten Anlage der Mammarorgane, welche von Jenem in ihren Beziehungen nicht gewürdigt und deshalb auch nicht verstanden worden war, bezieht Klaatsch auf die Mammartasche. Es wiederholt sich also dieser Vorstellung gemäss hier ein Vorgang, der bei Monotremen (Echidna) noch in einer anderen Bedeutung, nämlich zur Herstellung eines Schutzorganes für das Junge verwendet wurde. Wie sehr die Vergleichung jener Primäranlage mit einer Mammartasche richtig ist, erwies sich an Embryonen verschiedener Beutelthiere. Hier setzte sich nicht bloss das Stratum Malpighii in die Mammartaschenanlage fort, sondern auch die Hornschichte des Integumentes, so dass man es z. B. bei Phalangista vulpina, auch bei Perameles Gunnii in dem bezüglichen Stadium mit einer wirklichen Tasche zu thun hat. Und diese Einsenkung des gesammten Integumentes zeigt in ihren seitlichen Wandungen Anlagen von Epidermoidalgebilden: Drüsen und Haaren Perameles vergl. l. c. Taf. XIII Fig. 4. Wenn also bei den monodelphen Säugethieren in die Mammartaschenanlage die Hornschichte eine Strecke weit sich fortsetzt, so ist das der Ausdruck eines Restes des bei den Didelphen noch bestehenden Entwicklungsganges, der hier eine wirkliche Mammartasche aufwies. Rein weiss nichts mit jener Fortsetzung der Hornschichte anzufangen, er nennt sie »Hornpfropf«, da sie bei den Monodelphen eine solide Masse vorstellt, und stützt darauf die Annahme eines Prozesses, durch welchen das Verschwinden der primären Anlage, unserer Mammartasche, erfolge. Das ist nun ein ganz undenkbarer Vorgang! Nähme man auch an, dass jene Epithelschichte durch Verhornung zu Grunde gehen könne, so kann man diesen Prozess doch nicht auch auf die Lederhaut wirken lassen, die doch im Cutiswall ebenso an der Herstellung der Mammartaschenanlage betheiligt ist. Die »Verhornung« ist also keine Erklärungsinstanz für Veränderungen, welche die gesammte Anlage der Mammartasche eingeht. Die Lederhaut nimmt aber einen anderen Antheil an der Mammartaschenbildung; es erscheint an ihr im gesammten Umfange der Mammartasche eine Modifikation, welche Klaatsch Areolargewebe genannt hat. In diesem Gewebe sondert sich die glatte Muskulatur, wie sie später den aus der Mammartasche sich sondernden Gebilden — Areola und Papilla — zukommt. In der Verbreitung dieses Areolargewebes — der Warzenzone Rein's — hat sich ein gutes Merkmal für die Unterscheidung des

---

[*] »Morphologisches« Jahrbuch. Bd. IX. S. 253—321.

1. Historisch-kritische Bemerkungen über die Mammarorgane der Säugethiere.

Gebietes der Mammartasche herausgestellt. Wir vermögen dadurch den Umfang der Mammartasche in seinem Verhalten zu benachbarten Theilen festzustellen. Aus den bei den Beutelthieren gegebenen Zuständen, wobei die Zitze aus dem Boden der Mammartasche sich erhebt, leitet Klaatsch die bei Prosimiern und Quadrumanen bestehenden Verhältnisse ab, welche an jene des Menschen sich anreihen. Eine zweite Reihe, die ebenfalls an die Beutelthiere sich anschliesst, führt zu den Marinen, deren Mammartasche bis zum Eintritte der Lactation als Scheide der Zitze fungirt. In einer dritten Reihe, die zu den Carnivoren führt, erhebt sich die primäre Anlage in Zitzengestalt. Während aber die Umgebung der Mammartaschenanlage die Zitze vorstellt, ist die Mammartasche selbst reduzirt und nimmt die Spitze jener Zitze ein. Die reduzirte Areola ist also da zu suchen, wo die Drüsen münden, hat somit ein ganz anderes Verhältniss, als in der ersten Reihe, wo sie die Zitze umgiebt. Während hier die Mammartasche gänzlich schwindet, bleibt sie in einer vierten Reihe erhalten, indem von ihrem Boden aus keine Papillenbildung erfolgt. Die ganze, die Mammartaschenanlage tragende Erhebung stellt die Papille dar. Wenn auch an Umfang sehr reduzirt, besteht sie so beim Schweine. Bei den Wiederkäuern fällt sie dem Strichcanale zu, und bei den Pferden trägt jede Zitze zwei Mammartaschenanlagen, wie ich dieses aus dem Verhalten der Zitzen vermuthet hatte.

Durch diese Untersuchungen fanden die von Rein mir gemachten Einwände eine gründliche Widerlegung. Was ich aber weit höher anschlage, das ist die tiefere Begründung, welche meiner Darstellung der Mammarorgane dabei zu Theil wurde. Während die beiden von mir aufgestellten, extreme Formen darstellenden Typen unter einander ohne Vermittelung blieben, sind sie durch Klaatsch auf Grund nachgewiesener Zwischenstufen mit einander verknüpft worden. So erscheinen denn die daraus sich ergebenden Vorstellungen in harmonischer Rundung. Wenn auch das Untersuchungsfeld damit noch keineswegs erschöpft ist, und bei mancher der kleineren Säugethierabtheilungen, welche bis jetzt von der Untersuchung ausgeschlossen waren, sich immerhin noch Belangreiches, vielleicht sogar Wichtiges Neue bieten dürfte, so ist doch wenigstens die Zitzenfrage in ihren Grundzügen als beantwortet anzusehen, und es besteht da kein Punkt, der so unverständlich wäre, dass er neuer Aufklärung bedürfte.

Anders verhält es sich mit dem Mammarapparate in Bezug auf die Monotremen, sowie in Bezug auf die Phylogenese des drüsigen Theiles des Apparates, oder Mammardrüsen selbst. Es ist zwar durch die von Owen gegebene Darstellung der bei einem Weibchen von Echidna hystrix gefundenen Mammartasche mit dem in diese mündenden Drüsenapparate nicht zu bestreiten, dass da eine Thatsache vorliege, welche einen Ausgangspunkt zur Vergleichung mit den Mammarorganen der übrigen Säugethiere darbietet, zumal nach den Untersuchungen von

Klaatsch bei Beuteltieren die Mammartasche hier noch als eine haartragende Integumentbildung erkannt ist, allein der Bau jener Mammartasche ist in seinen feineren Verhältnissen noch unaufgeklärt. Ueber das Verhalten der Drüsenmündung zu den Haaren wissen wir eben so wenig, als über die Struktur der Drüsen selbst. Ein fernerer dunkler Punkt betrifft die Entstehung der Mammartasche, welche letztere, wie es scheint, keine von vorn herein gegebene und bleibende Einrichtung bildet. Bei einem Exemplare von Echidna setosa fand ich nämlich das Drüsenfeld mit einer furchenartigen Vertiefung versehen, die ich als den Beginn einer Mammartaschenbildung ansah und als solche in der Kürze beschrieben habe*). Ich glaubte mich zu dieser Auffassung berechtigt, da die Einfaltung der Haut sich von anderen zahlreichen Faltenbildungen der Nachbarschaft dadurch unterschied, dass sie nicht zum Verstreichen gebracht werden konnte. Konnte ich somit die Owen'schen Angaben über die Mammartasche nicht vollständig bestätigen, da ich das Organ wohl nur im Stadium seiner ersten Entstehung vor mir hatte, so wurde doch bald wieder eine Mammartasche bei Echidna hystrix durch Dr. Haake**) nachgewiesen. Mit diesem Funde war die weittragende Entdeckung eines in der Mammartasche geborgenen, über einen Centimeter grossen, von einer pergamentartigen Schale umschlossenen Eies verknüpft. Die Angaben, welche Haake über die Mammartasche macht, sind für uns von nächstem Interesse. Er sagt darüber Folgendes: «It will have been observed already, that I speak of one »mammary pouch« or marsupium only, whereas Professor Owen described as pouches two semilunar fossae, at the fundi of which he found the orifices of the mammary-glands. But as the mammary pouch serves at one period as an incubator for the »marsupial ovum« it must at this time have a shape enabling it to undertake this function. Accordingly, we find in my specimen one deep pouch large enough to hold, although not wholly to conceal, a gentleman's watch, having its fundus in the median plan of the body towards the cloaca, and running out into shallower fossae towards the mammary areolae, beyond which towards the anterior end of the body it gradually disappears. The skin forming the pouch is thinner than that of the rest of the ventral integument, and the pouch and its lips are covered more thinly with hair, the latter being shorter, however, and standing thicker on the mammary areolae, where very conspicuous tufts of hair are easily to be observed. Although the marsupial integument is devoid of subcutaneous muscles, the animal can considerably modify the shape of the pouch, probably by the surrounding integumentary muscles.« Aus dieser Mittheilung geht ein anderer Befund hervor, als Owen

---

*) Morphologisches Jahrbuch. Bd. IX. S. 604.
**) Proceedings of the Royal Society. No. 235. 1885.

seiner Zeit darstellte. Owen braucht zwar gleichfalls die Bezeichnung »marsupial pouch«, allein es besteht kein Zweifel, dass er damit dasselbe meint, was er anderwärts als »mammary pouch« anführte. Die bildlichen Darstellungen nehmen dann jedes Bedenken, welches etwa noch bestehen könnte. Haacke beschreibt dagegen einen Beutel, der einheitlich ist für die beiderseitigen Mammarorgane, deren Areolae in diesem Beutel liegen. Sie wenden sich in enge Gruben, welche die Mammartaschen Owen's sein würden.

Man könnte glauben, dass durch Owen ein früherer, durch Haacke ein späterer Zustand desselben Apparates beschrieben wäre; da aber letzterer in dem Beutel ein Ei fand, während ersterer mit dem nur die Mammartaschen besitzenden Exemplare ein in der Entwicklung schon recht vorgeschrittenes Junges — *mammary-embryon* — erhielt, dessen Umfang dem Binnenraume der Mammartasche entsprach, so scheint eher ein zeitlich umgekehrtes Verhalten zu bestehen. Jedenfalls sind durch diese Angaben neue Fragen angeregt. Wir lassen sie hier bei Seite, indem Aufklärung über diese thatsächlichen Verhältnisse doch wohl bald zu erwarten steht.

Von speciellerem Interesse ist für uns die Bestätigung der Einsenkungen des Integumentes an der Stelle des Drüsenfeldes, sowie die Behaarung desselben. Wenn auch vom benachbarten Integumente different geworden, ist es doch nur eine Hautstrecke, welche hier vorliegt, und welcherlei Drüsen immerhin auf dieser Stelle im Drüsenfelde ausmünden, sie müssen aus dem Integumente hervorgegangen sein. Das ist in den bezüglich der äusserlichen Befunde niederen Zuständen des Mammarorgans der Monotremen nicht anders als bei den differenzirteren und damit höheren Einrichtungen der übrigen Säugethiere.

Durch solche Erwägungen war ich dahin gelangt, die Mammarorgane nicht als Organe sui generis zu betrachten. Auch darin habe ich Widerspruch gefunden. Was ist aber ein Organ sui generis? doch wohl nur ein Organ, welches nicht von einem anderen, ihm ähnlichen, abgeleitet werden kann, ein Organ, welches für sich allein steht. So ist jedes Organ sui generis, indem es etwas Besonderes an sich hat, eine besondere Leistung verrichtet. Mit jener Aussage ist aber gar nichts für die Erkenntniss gethan, diese ist sogar damit zurückgewiesen. *Es ist aber die Aufgabe der wissenschaftlichen Anatomie, die Organe nicht bloss in ihren Besonderheiten darzustellen*, sondern auch zu zeigen, wie sie entstanden sind, welche Zustände vorher bestanden, ehe das Organ ein besonderes war, und wie sie aus diesen Zuständen der Indifferenz sich herleiten, durch Sonderung, Differenzirung. Die Erkenntniss der Besonderheit steht auf einer niedereren Stufe, als jene, welche das Besondere wieder abzuleiten vermag. Diese Aufgabe kann nur zum Theile durch die Kenntniss der Entwickelungsgeschichte des Organs gelöst werden. In vielen Fällen ist diese gänzlich unzureichend. Wenn wir so irgend eine Form der mannichfaltigen Mammarorgane nur aus ihrer Ontogenese kennen lernen, so lernen wir daraus nichts von der Bedeutung der primitiven Anlage verstehen. Das wird erst durch die Vergleichung möglich, indem wir nach einem Befunde suchen, in welchem jene primitive Anlage kein ontogenetisch vergängliches Gebilde, sondern ein durch seine Funktion wohl verstandenes Organ ist: die Mammartasche. Es ist also die Vergleichende Anatomie, welche jene primitive Anlage erleuchtet. Diese ist dann kein Organ sui generis mehr. Das gleiche gilt von dem Drüsenapparat. Auch dieser wird in seinen Vorläufern aufzusuchen sein.

Es kann vernünftiger Weise nicht gedacht werden, dass die Milchdrüsen gleich von vornherein als solche entstanden, dass bei irgend einem Thiere, welches noch kein Säugethier war, gleich der ganze Drüsencomplex sich ausbildete, ohne dass für ihn das Vererbungsmoment vorgelegen hätte. Es wird also für jene Drüsen ein Zustand bestanden haben, in welchem sie noch keine Milchdrüsen vorstellten. Da das Integument mancherlei Drüsen birgt, so würden in solchen die Vorläufer der Milchdrüsen zu suchen sein. Die Entstehung der Milchdrüsen ist nur dann begreiflich, wenn wir annehmen, dass sie durch Umwandelung anderer Drüsen, ob indifferenterer Art, ist ungewiss, sich hervorbildeten. Von den beiden Hauptformen von Integumentaldrüsen glaubte ich die Talgdrüsen als die Ausgangsform annehmen zu dürfen. Dazu bestimmten mich zwei Gründe. Einmal die Drüsenformen. In den Milchdrüsen ist der acinöse Typus jedenfalls mehr ausgesprochen als der tubulöse, wie dieser z. B. in den Knäueldrüsen des Integumentes besteht. Auch das Secret musste massgebend sein. An seiner Herstellung sind die Formelemente der Drüsen direct betheiligt. An dem secernirenden Epithel findet eine Proliferirung der Zellen statt, indem von den wandständigen Elementen kernführende Portionen sich abschnüren und ins Lumen gelangen. Daraus geht wenigstens ein Theil der Formelemente der Milch hervor. Wenn nun auch die Milchdrüsen durch viele Eigenschaften von Talgdrüsen verschieden sind, wie auch das Secret ja nicht das gleiche ist, so sind sie jedenfalls noch mehr different von den tubulösen Drüsen der Haut.*) Will man die Milchdrüsen mit anderen Drüsen vergleichen, so bleiben nur

---

*) Für die Vergleichung der Milchdrüsen ist es von Bedeutung, ob man die übliche Scheidung der Drüsen in tubulöse oder acinöse streng aufrecht erhalten, oder mit dem Zugeständniss von Zwischenformen den Begriff jener minder scharf fassen will. Im ersteren wie im letzteren Falle müsste es darauf ankommen, wie man eine acinöse oder eine tubulöse Drüse definire, denn wenn man von Zwischen- oder Uebergangsformen spricht, müssen doch auch die beiderseitigen Extreme klargestellt sein. Man kann aber nicht von Uebergängen sprechen, wenn man nicht angeben kann, worin der Uebergang liege. Daran wird nichts zu ändern sein. Man hat sich nun der Meinung zugeneigt, alle bisher als acinös aufgefassten Drüsen, sobald das Schema der terminalen Acini nicht scharf ausgeprägt ist, den tubulösen Drüsen beizuzählen, wodurch natürlich der Begriff einer tubulösen Drüse nichts gewonnen hat. Im Ganzen handelt es sich doch nur um ein Mehr oder Minder der

die Talgdrüsen als Vergleichungsobjecte. Ein directer Nachweis für diese Annahme ist noch nicht erbracht, es ist auch für jetzt nicht abzusehen, wie er geliefert werden könne, dagegen ist keineswegs ausgeschlossen, dass durch neue Thatsachen, etwa über den Bau der Milchdrüsen bei den Beutlern, die Entscheidung der Frage gefördert werden könne.

Erweiterung des secernirenden terminalen Endabschnittes im Verhältniss zu der als Ausführung fungirenden Strecke, wobei auch das Verhalten der Epithelien in Betracht kommt. Wenn Drüsen, in denen der Acinus sich scharf von seinem Ausführgange absetzt und in beiden die ausgesprochenste Epitheldifferenz besteht, als Muster für die acinöse Form gelten sollen, so giebt es, wenigstens bei den Säugethieren, wohl nur sehr wenige diesen Schema realisirende Formen. Denn selbst bei den Mundspeicheldrüsen geht ein Ausführgang ganz allmählich aus dem Acinus heraus, so dass nur das Epithel entscheidet, wo der secretorische Acinus endet. Bei langgezogener, kolbiger Gestaltung des Acinus ist noch eine weitere Entfernung vom acinösen Typus gegeben, wie z. B. im Pancreas. Ist nun deshalb die Drüse als tubulöse anzusehen? Ich denke, es sei naturgemässer, solche Befunde, wenn man sie nicht als Modificationen der acinösen Form gelten lassen will, als Mischformen anzusehen, denn es zwingt ja nichts zum starren Festhalten an den beiden traditionellen Typen.

Was nun die Milchdrüse angeht, so ist gewiss Heidenhain im Rechte, wenn er sie nicht schlechthin zu den acinösen Drüsen stellt. (Hermann, Handb. d. Phys. Bd. V. Abth. 1. S. 380.) „Die Alveolen der Milchdrüse bilden laterale und terminale Ausbuchtungen der Gänge, welche sich weder durch ihren Durchmesser, noch durch ihr Epithel wesentlich von den Gängen unterscheiden, in welche sie übergehen." Damit ist unzweifelhaft eine Verschiedenheit von rein acinösen Drüsen gegeben, allein damit ist noch nicht der Charakter einer tubulösen Drüse da. Viel weniger besteht ein solcher vor der Lactation. Dass die Drüsenbläschen oder die Alveolen Buchtungen der Gänge sind, das haben die Milchdrüsen mit den Talgdrüsen gemein. Auch bei diesen sind die Gänge, wie kurz sie auch sein mögen, terminal und lateral mit Alveolen besetzt, die sogar wieder getheilt oder ramificirt sein können, und das Epithel der Alveolen ist ebensowenig wie ihr Durchmesser von dem der Gänge wesentlich unterschieden. Man darf nur die Acini der Talgdrüsen Alveolen heissen — vielleicht ist diese Bezeichnung auch besser —, und man hat die gleichen structurellen Befunde vor sich. Es ist in letzterer Beziehung wesentlich nur der viel geringere Umfang der Talgdrüsen, der sie vom Baue einer Milchdrüse verschieden sein lässt. Die Polemik gegen die typische Uebereinstimmung der Talgdrüsen mit den Milchdrüsen lässt erstere als rein acinöse Drüsen gelten und spricht letzteren diesen Charakter ab. Darin liegt aber ein doppelter Irrthum.

Aber das Secret ist so verschieden! Dass es ein und dasselbe sei, ward von Niemand behauptet; wohl aber sind in der directen Betheiligung an der Bildung der Formbestandtheile in beiderlei Drüsen bemerkenswerthe Uebereinstimmungen unverkennbar. Proliferirende Epithelzellen, welche die Drüsen auskleiden, lassen ihre Producte ins Lumen der Drüsengänge, resp. deren Alveolen gerathen, die dadurch angefüllt werden. Bei der Lactation können diese Elemente und ihre Derivate nur in dem flüssigen Menstruum sich finden, welches secernirt wird, und damit tritt die Verschiedenheit von Talgdrüsen auf. Diese Verschiedenheit ist aber nicht so gross, als sie wäre, wenn man die Milchdrüsen bezüglich der Secretbildung mit anderen Drüsen des Integumentes vergleichen wollte, und so wird also das vergleichende Urtheil sich zu Gunsten der Talgdrüsen wenden müssen.

II.
Untersuchung.

Die erste Kenntniss der Mammarorgane von Ornithorhynchus verdanken wir bekanntlich J. F. Meckel*, sowie jene der Echidna uns durch Owen** ward, der durch mehrfache Arbeiten in die Erforschung dieses Gebietes erfolgreich eingriff. Der Darstellung des äusserlichen Verhaltens, wie es sich im Drüsenfelde der Areola Owen's darbietet, sowie des gröberen Befundes der Drüsenorgane selbst habe ich nur wenig hinzuzufügen. Ich werde bei Echidna darauf zurückkommen.

Ich beginne mit Ornithorhynchus, von dem ein relativ gut erhaltenes männliches Exemplar untersucht wurde. Da wesentlich nur das Volum der drüsigen Theile von jenen eines weiblichen Exemplares abweicht, wird das dabei Gefundene für die Kenntniss dieser Organe verwerthbar sein. Das Integument mit den Haaren soll zuerst beschrieben werden. Es besass am Drüsenfelde eine Dicke von 1,8 mm, wovon die Epidermisschichte nur einen minimalen Theil betrug, und zu gleichen Theilen aus Stratum Malpighii und Stratum corneum dargestellt wurde. Wahrscheinlich waren von letzterem mehrfache Lagen verloren gegangen, denn es fanden sich Reste von solchen hin und wieder lose anhängend. Die Oberfläche bot auf den Schnittpräparaten grössere und kleinere Erhebungen, die ersteren in ziemlich regelmässigen Abständen und ebenso wie die dazwischen befindlichen Einsenkungen mit den kleineren Unebenheiten oder Vorsprüngen besetzt (Fig. 1). Ob darin ein Zustand der Schrumpfung ausgesprochen war, wie er durch die Conservations-Art des Exemplares bedingt sein mochte, lasse ich auf sich beruhen.

In der eigentlichen Lederhaut sind zwei Schichten zu unterscheiden. Eine oberflächliche Fig. 1 A, die man einer Pars papillaris vergleichen könnte, bietet feines fibrilläres Bindegewebe, dessen Züge sich in verschiedenen Richtungen durchsetzen. Zum Theile streben sie nach der Oberfläche, wo sie in den Erhebungen derselben ausstrahlen. Zwischen den Zügen liegende Bindegewebszellen sind sehr reichlich vorhanden, besonders nach der Oberfläche hin. Nach innen zu führt dieser Theil der Lederhaut eine mächtig entfaltete glatte Musculatur (Fig. 1 m), über welche weiter unten nähere Angaben gemacht werden sollen. Im Bereiche dieser Muskelschicht fanden sich die Haarbälge (h) angeordnet. Jenseits der Musculatur, nach innen zu, ist das feinere Bindegewebe wenig mehr verbreitet. Seine Züge und Bündel gehen hier in eine, den übrigen Theil der gesammten Lederhaut darstellende, etwa

---

*) Ornithorhynchi paradoxi descriptio anatomica. Lipsiae 1826. p. 52.
** Philosophical Transactions. Vol. 155. Part. I. S. 671.

II. Untersuchung.

⅔ der Dicke der letzteren betragende, derbere Bindegewebeschicht Fig. 1 D, über. Die Bündel sowohl als auch die Fasern sind in dieser Schicht von bedeutender Mächtigkeit. Sie durchflechten sich in allen Richtungen und bieten dabei einen geschlängelten Verlauf. Zellen finden sich viel spärlicher vor, als in der erstgenannten Schicht. Sie scheinen mehr abgeplattete Formen vorzustellen. Diese Schicht der Lederhaut geht successive in das Unterhaut-Bindegewebe Fig. 1 C, über, welches wieder aus feineren, aber in ähnlicher Weise verflochtenen Zügen besteht. Hier finden sich auch spärliche Einlagerungen von Fettzellen-Träubchen vor. An einzelnen Stellen weiter nach innen sitzen die Fettzellen auch in grösseren Massen zusammen.

Ausser den eingelagerten Drüsen besitzt die derbe Schichte der Lederhaut noch eine andere Beziehung. Man bemerkt nämlich, wie von dem Grunde der Haarbälge aus Gewebszüge (b) jene Schicht vertikal oder in etwas schräger Richtung durchsetzen. Diese Züge bestehen aus viel feineren Bindegewebsbündeln und Fasern, als jene der durchsetzten Schichten. Sie beginnen in der unmittelbaren Umgebung der Enden der Haarbälge und nehmen einen leicht geschlängelten Verlauf, wobei sich einzelne feinere Züge seitlich abzweigen und in dem gröberen Geflechte sich verlieren. Zuweilen erreichen diese Züge die subcutane Gewebsschichte, zuweilen endigen sie schon früher, indem sie in der vorhin angegebenen Weise sich verzweigt hatten. Von diesen durch das Corium tretenden Bindegewebszügen befindet sich ein Theil in Verbindung, resp. in der Nachbarschaft von Drüsen, worauf weiter unten eingegangen wird. Von einem anderen Theile kann ich jene Beziehung nicht behaupten. Deshalb habe ich jenes Verhalten schon hier angeführt.

Die Behaarung des Drüsenfeldes ist von den früheren Untersuchern nur im Allgemeinen erwähnt worden. Es finden sich daselbst aber zweierlei Haarbildungen vor. Diese stimmen mit dem überein, was Leydig[*] über die Haare von Ornithorhynchus angegeben hat. Da wir uns später noch darauf beziehen müssen, lasse ich diese Angabe auch in Bezug auf den Drüsenapparat hier folgen. Sie lautet: „Die Talgdrüsen der Haarbälge sind nicht unbedeutend entwickelt, und was die Schweissdrüsen anbetrifft, so hat jedes Stichelhaar zur Seite seines Balges eine solche Drüse. Den Follikeln der Wollhaare mangeln diese Organe. Die Schweiss-

---

[*] Archiv für Anat. u. Phys. 1859. S. 738. — In der Dissertationsschrift von L. Ribeiro de Souza Fontes, Beiträge zur anatomischen Kenntniss der Hautdecke des Ornithorhynchus, mit 1 Taf. Bonn 1879, sind die Leydig'schen Angaben bestätigt. Ich werde mich aber ferner nur auf Leydig beziehen, da Ribeiro nur in einem nicht sehr wichtigen Punkte von L. abweicht. Er hat nämlich die sogenannten Schweissdrüsen nicht so einfach wie Leydig gesehen. Sie stellen ihm zufolge gewundene Schläuche vor, als welche er sie auch abbildet. Es kommen also jene Drüsen in verschiedenen Zuständen vor.

18   II. Untersuchung.

drüsen sind von einfacher Art, längliche Schläuche nämlich, deren oberer verengter Theil Ausführgang in den Haarbalg, doch ganz nahe an dessen Oeffnung in der Haut einmündet." Diese beiderlei Haare, Stichelhaare und Wollhaare, finden sich auch über das Drüsenfeld die Areola, verbreitet, und es ist begreiflich, dass sie, wie Owen angiebt, entfernt werden müssen, wenn man sich ersteres genau sichtbar machen will.

Die sämmtlichen Haare treten in schräger Richtung aus dem Integument hervor, und die Haarbälge sind ebenso schräge in die Lederhaut eingebettet. Die Mündung findet in der Regel in den beschriebenen Einsenkungen der Oberfläche des Integumentes statt, doch findet man einzelne auch auf den Erhebungen, wenn auch nicht auf dem je meist vorspringenden Punkte. Die constante Mündung zwischen zwei Erhebungen gilt von den Bälgen der Stichelhaare.

Für das genauere Verhalten der Haare und ihrer Bälge ist folgendes zu bemerken. Die Wollhaare finden sich in Büscheln, welche einen theilweise gemeinsamen Haarbalg besitzen. Leydig war wohl der erste, welcher auf dieses Verhalten bei verschiedenen Säugethieren aufmerksam machte (l. c. S. 706). Der Haarbalg erstreckt sich bei Ornithorhynchus als gleich weiter, das Haarbüschel umfassender Cylinder von seiner Mündung an bis zur Einmündestelle der Talgdrüsen. Von da an theilt er sich in eben so viele kleinere, dicht neben einander angeordnete Bälge, als Haare im Büschel vereinigt sind. Solcher Haare finde ich 3—8. Sie sind alle von annähernd gleicher Stärke und erscheinen, soweit sie im Haarbalge stecken, von glashellem Aussehen. Der freie Theil des Schaftes bietet dann jene Oberhäutchenstruktur, welche die Haare wie mit weit von einander abstehenden Höckerchen besetzt erscheinen lässt. Weiter distal tritt dann ein dunkel pigmentirter Markstrang auf und das Haar gewinnt in der Art der Vertheilung des Pigmentes eine grosse Aehnlichkeit mit den Haaren kleinerer Nager und Insectivoren.

In den Haarbälgen habe ich ausser der sehr schwachen Faserhaut nur zwei Zellschichten zu unterscheiden vermocht, eine äussere aus kleineren, mehr cubischen Zellen und eine innere aus grösseren, aber sehr stark abgeplatteten Elementen. Diese Schichten stellen die Wurzelscheide vor und erstrecken sich auch auf die dicht zusammengeschlossenen Einzelbälge, welche aus dem gemeinsamen Balge hervorgehen. An diesen erscheint aber auch die äussere Schicht der Wurzelscheide mit bedeutend abgeplatteten Zellen. Am Ende jedes Einzelbalges geht die dünne Faserschicht desselben in ein Bindegewebsbündel über, welches sich mit denen der andern Bälge zu einem stärkeren Bündel verbindet, so dass die Einzelbälge dadurch wie enger zusammengehalten sich darstellen. Am distalen Drittel der Länge eines solchergestalt getheilten Wollhaarbalges befinden sich Talgdrüsen. Diese bilden kleine ovale oder längliche Erhebungen, ähnlich wie sie Leydig l. c. Taf. XX Fig. 7

abgebildet hat. Sie stehen nur selten etwas vom Balge ab, so dass man sie bei Anwendung schwacher Vergrösserungen nur als verdickte Stellen des Haarbalges oder eigentlich der Wurzelscheide desselben wahrnimmt. Andere Drüsengebilde habe ich nicht mit den Wollhaaren im Zusammenhang gefunden.

Diese Wollhaarbüschel finden sich, wie gleichfalls Leydig (l. c. S. 685) schon angab, in bestimmter Gruppirung. Sie sind nämlich zu vier bis sechs oder sieben um ein Stichelhaar gruppirt. Auf senkrechten Durchschnitten der Haut bemerkt man immer Gruppen von Haarbälgen, von denen jedoch die meisten nur ein unvollkommenes Bild der Anordnung darbieten.

Die Follikel der Stichelhaare, welche somit von denen der Wollhaare umgeben sind, finde ich etwas länger als die jener. Sie liessen im Ganzen einen ähnlichen Bau erkennen. Von Talgdrüsen fand ich in der Regel nur eine einzige vor, die ebenso wenig bedeutend entfaltet war, wie jene der Wollhaarbälge, mit der sie auch die Oertlichkeit der Verbindung mit dem Haarbalg theilte (vergl. Fig. 2 C). In manchen Fällen ergaben sie sich noch schwächer ausgebildet als in der dargestellten Figur. Sie erschienen dann wie leichte Erhebungen am Follikel. Am Grunde der Haarbälge sammeln sich bindegewebige, aus der Faserhaut der Follikel kommende Züge, diese vereinigen sich mit den von den Haarbälgen der Wollhaare kommenden und setzen so ein stärkeres Bindegewebsbündel zusammen, welches dann in die derbere Lederhautschichte sich einsenkt, wie oben beschrieben wurde.

Nachdem wir so das Integument des Drüsenfeldes bezüglich des Verhältnisses der Haare und auch der Talgdrüsen in auffallender Uebereinstimmung mit dem Befunde antrafen, welchen Leydig von einer anderen Hautstelle beschreibt, ist es die glatte Muskulatur, welche am Drüsenfelde etwas besonderes darstellt. Aber auch der Mangel von Schweissdrüsen ist auffallend, nachdem Leydig je einen solchen Schlauch mit jedem Stichelhaare verbunden erkannt hatte. Jedes dieser Haare hat nun am Drüsenfelde eine Verbindung mit einem anderen Drüsenorgane. Ganz dicht an der Mündung des Haarbalges mündet ein Gang aus Fig. 2 d, welcher zu einem Läppchen der Mammardrüse führt. Die Mammardrüsen münden also mit den Stichelhaaren. Die Mündungsstelle liegt stets distalwärts von den Talgdrüsen, genau da, wo Leydig an anderer Hautstelle die Mündung der mit den Haarbälgen verbundenen Schweissdrüsen angegeben hat. Unmittelbar an der Mündung besitzt der »Gang« eine Erweiterung (d"), welche ich aber nicht in allen Fällen bemerkte. Die erweiterte Stelle ist zuweilen ampullenartig kurz Fig. 2', bald ist sie sehr in die Länge gezogen. Von dieser Stelle aus setzt sich der Gang ganz nahe am Haarbalge und mit ihm in parallelem Verlaufe in die Lederhaut weiter fort und tritt endlich in die Mammardrüse. Ich habe diese sehr wichtige Thatsache in zahlreichen Fällen festgestellt. Wir haben also je einen Abschnitt der Mammardrüse mit einem Stichelhaar in Verbindung und dieses ist von einer Gruppe von Büschelhaaren umgeben. Der Drüsenapparat der Haare besteht aus kleinen, unansehnlichen Talgdrüsen, welche beiderlei Haaren zukommen, und grösseren Drüsengebilden, die wir als Mammardrüsen bezeichneten und die nur mit den Stichelhaaren vereinigt sind. *Hier bestehen sie an der Stelle der Schläuche, welche Leydig vom übrigen Integumente als Schweissdrüsen aufgeführt hat.*

Bezüglich der Muskulatur wird zunächst zu bemerken sein, dass eine solche an sich ja nichts dem Integumente absolut fremdes ist. Von Leydig wird aber für Ornithorhynchus angegeben, dass in dem von ihm untersuchten Hautstücke vereinzelte quergestreifte Muskelzüge sich parallel mit der Oberfläche in die Haut erstreckten. Diese gehören jedoch wohl dem grossen Hautmuskel an, und haben mit der glatten Muskulatur nichts zu thun, welche ich im Drüsenfelde gefunden habe. Diese bildet mehrfache Schichten (6—8) von Zügen, welche parallel mit der Oberfläche zwischen den Haarbalggruppen verbreitet sind. Sie nehmen die als feinfaserig beschriebene Partie der Lederhaut ein, von der sie gegen die Epidermis zu eine Strecke frei lassen, und reichen nicht ganz bis zum Grunde der grösseren Haarbälge. Die Muskelschichten verbinden sich unter einander, Portionen höher gelegener Züge begeben sich zu tieferen. An die Haarbälge selbst gelangt nichts von dieser Muskulatur und auch die Drüsen sind ohne alle Beziehungen dazu.

Den wichtigsten Theil des ganzen Apparates bilden die Mammardrüsen, deren Mündungsstücke oben beschrieben wurden. Sie werden durch 1,1—2 mm lange Läppchen (den Ausführgang mit inbegriffen) dargestellt, welche im kleineren Style den Habitus und auch die Anordnung darbieten, wie sie von weiblichen Exemplaren in verschiedenen Zuständen von Meckel und Owen beschrieben worden sind. Der voluminösere Theil jedes dieser keulenförmigen Läppchen (Fig. 1 b) liegt ausserhalb der Lederhaut, im lockeren subcutanen Gewebe (Fig. 1 c). Dieses ward oben noch dem Integumente beigerechnet. Die einzelnen Läppchen sind an Grösse nicht gleich. Zwischen grösseren finden sich einige kleinere.*)

Verfolgt man einen Ausführgang zu seinem Läppchen, so sieht man ihn in der Länge des bezüglichen Haarbalges genommener Richtung in die derbe Lederhautschichte ziehen Fig. 1 a. Jenseits der letzteren beginnt die eigentliche Läppchenbildung. Auf jenem Verlaufe bietet der Gang sowohl schwache Krümmungen, als auch kurze, stärkere Windungen, letztere in der Nähe des Läppchens. Einzelne dieser gewundenen Strecken sind erweitert, oder es zeigt die gesammte gewundene

---

*) Man darf das aber nicht aus einzelnen Schnitten des Gesammt-Apparates folgern, wie Fig. 1 einen Theil eines solchen vorstellt, denn dabei finden sich manche nur auf einer Strecke getroffene Läppchen, die auf den nächsten Schnitten eine grössere Ausdehnung annehmen.

Strecke sich weiter, als vor- oder nachher. Auch schwache Einschnürungen finden sich. Das Lumen des Canales fand ich stets offen, von einer Schichte niedrigen Cylinderepithels abgegrenzt.

Beim Beginn eines Läppchens geht der Canal entweder sofort stärkere Windungen ein, oder er ist in geradem Verlaufe noch im Läppchen verfolgbar Fig. 1 a. Das ist nicht selten zu beobachten, und ich hielt es sogar für die Regel. In beiden Fällen finden Abzweigungen des Canales statt, die aber im Ganzen etwas spärlich sind. Der grösste Theil der Anfangsstrecke eines Läppchens wird von Windungen eingenommen, deren Canäle ein bedeutend geringeres Kaliber besitzen, als der Ausführgang besass. Solche Verhältnisse finden sich dann auch fernerhin bis nahe ans abgerundete Ende eines Läppchens. Die Läppchendurchschnittsbilder zeigen nur selten eine längere Canalstrecke in geradem Verlaufe. Fast überall sind Quer- oder Schrägschnitte von Canälen, oder kurze Bogenstrecken der letzteren wahrzunehmen. Noch seltener und nur nach langem Suchen nimmt man Theilungsstellen wahr. Das wird aus der Kürze der Windungen leicht begreiflich. Am Ende der Läppchen ändert sich der Charakter seiner Structur etwas. Die Durchschnittsbilder der Canäle zeigen ein weiteres Lumen als vorher und lassen dabei recht häufige Theilungen wahrnehmen. In einzelnen Fällen wollte es scheinen, als ob gegen das blinde Ende der Canäle zu eine noch bedeutendere Erweiterung stattfinde Fig. 1 f''. Jedenfalls bestehen am Ende des Läppchens weitere Canäle als sonst. In den Fällen, in welchen die Ausführgang weiter in das Läppchen verfolgt werden konnte, war nicht immer eine Verzweigung des Canales, der in der Längsachse des Läppchens verlief, zu beobachten. Es muss daher zugegeben werden, dass der Anfangstheil eines Läppchens seine gewundenen Canäle nicht direkt aus dem benachbarten Ausführgange empfängt.

Wir hätten uns dem Geschilderten zufolge jedes Läppchen aus dicht gewundenen, eng zusammengeknäuelten Canälchen zusammengesetzt vorzustellen. Dass es nicht ein einziges Canälchen ist, erhellt aus dem Vorkommen von Theilungen. Die einzelnen Canälchen vereinigen sich schliesslich in einen gemeinsamen Ausführgang. Den letzteren hat man sich also in Theilungen übergehend zu denken und die daraus entstehenden Canälchen in dichte Windungen gelegt. Die Windungen der Einzelcanälchen bilden die Hauptmasse der Läppchen. Wie viele solcher Canälchen in die gewundene Masse übergehen, muss ich unentschieden lassen, wenn ich auch annehmen darf, dass ihre Zahl keine sehr grosse sein wird.

Bezüglich des feineren Baues der Canäle bemerke ich, dass überall nur eine einschichtige Epithelauskleidung vorkam. Niedrige oder sogenannte cubische Zellen bildeten das Epithel der engeren Canäle und umschliessen ein sehr kleines, aber doch deutliches Lumen. Wo letzteres sich erweiterte, wie an den Enden der Läppchen, da ist auch das Epithel höher geworden. Die Kerne der Epithelzellen besitzen eine constant basale Lage.

Zwischen den Windungen der Canälchen findet sich nur spärliches Bindegewebe vor, aber mit reichlich eingelagerten Zellen. Umgeben wird jedes Läppchen von der Fortsetzung derselben lockeren Bindegewebsschichte, welche oben als ein von den Haarbälgen ausgehendes Bündel beschrieben wurde. Diese Schicht fügt sich zuerst dem Ausführgange, dann dem Läppchen an und ist bis an dessen Ende verfolgbar. Somit erhalten die jeweilig zusammengehörigen Gebilde, Haarbalggruppe und Drüsen, eine gemeinsame Umhüllung.

In dem Drüsenapparat der Mammarorgane von Ornithorhynchus haben wir somit eine Bildung kennen gelernt, welche insofern nicht als selbstständige sich darstellt, als sie mit den Haarbälgen in Verbindung steht.

Wenden wir uns zu Echidna (Ech. setosa), von welcher weibliche Exemplare der Untersuchung gedient haben, von denen keines im Stadium der Drüsenfunktion sich befand. Es wird auch hier zuvor das Integument abseits des Drüsenfeldes oder der Areola zu betrachten sein.

Der äusserliche Befund desjenigen Exemplares, von welchem ich früher die Andeutung einer Mammartasche kurz mitgetheilt habe, zeigte sich in Folgendem. Die im Ganzen betrachtet spärlich behaarte Bauchhaut bot an manchen Localitäten kahlere, an anderen etwas haarreichere Stellen, letztere jedoch so, dass die Haare überall die weissliche Haut durchschimmern liessen. An der gleichen Stelle, an welcher sonst (auch bei männlichen Individuen) das Drüsenfeld zu erkennen ist, war bei der ersten Untersuchung nichts ähnliches wahrzunehmen, auch eine Mammartasche zeigte sich nicht, wenigstens nicht so, wie sie von Owen bei E. hystrix so genau beschrieben und so gut bildlich dargestellt ward. Dieser negative Befund musste nur so auffallender sein, als das weibliche Geschlecht des Exemplars constatirt war. Wiederholte Durchsuchung der kritischen Localität liess endlich eine etwa 6 mm lange Spalte entdecken, welche durch eine leichte Integumentfalte erzeugt war. Dass sie der ersten Untersuchung entging, rührte daher, dass ähnliche durch Faltungen des Integumentes erzeugte Einsenkungen mehrfach in der Nachbarschaft, besonders lateralwärts, vorhanden waren. Nachdem aber die genannte Bildung einmal gefunden, ward es nicht schwer, sie von allen anderen ähnlichen sicher zu unterscheiden, wie sehr bald hervorgehen wird. Die Spaltbildung war genau von vorne nach hinten gerichtet, klaffte nicht einfach nach aussen, sondern war von ihrer medialen Begrenzung etwas überragt, so dass eben der Eindruck einer Faltung erzeugt ward. Beim Auseinanderziehen des Integumentes verschwand sie nicht, sondern zeigte dann nur ihren wenig tief liegenden Boden. Die spärliche Behaarung der Nachbarschaft liess eine bestimmte Beziehung der

Haare zur Spalte erkennen. Obwohl ein bestimmter Strich der Haare an dem abdominalen Integumente in einiger Entfernung der Spalte nicht bestand und die Wollhaare (um solche handelt es sich hier allein) nach den verschiedensten Richtungen, terminal durch einander gekräuselt, verliefen, so zeigte sich doch sowohl vorn als medial, auch etwas in der Nähe des Hinterrandes der Spalte, eine bestimmte Richtung, wenigstens der ersten Hälfte der Haare. Die vorderen und hinteren Haargruppen convergirten gegen den lateralen Spaltenrand und die medial von der Spalte befindlichen Haare zeigten die Tendenz, sich über die Spalte hinweg zu legen und mit den ersterwähnten ein, schliesslich ein Gewirre bildendes Büschel darzustellen. Diesem schloss sich endlich ein Büschel aus der Spalte hervorkommender Haare an, von denen die meisten viel kürzer waren, als jene der Umgebung. (Vergl. Fig. 3, welche diese Mammartasche und ihre Umgebung in doppelter Vergrösserung treu wiedergiebt.)

Die genauere Untersuchung der Spalte, durch Abbiegen ihres medial sie überdeckenden Randes, zeigt ein allmähliches Auslaufen der Vertiefung gegen die beiden Endpunkte der Spalte. Am Boden sind leichte unregelmässige Furchen zu sehen, zwischen welchen Haarbälge ausmünden. Ausser den hier hervortretenden Haaren, deren oben gedacht ist, finden sich noch mehrfach um vieles kürzere, welche nicht zum Hervortreten aus der Spalte gelangen. Ausser diesen Stellen, welche schon das blosse Auge Beziehungen zu Haaren erkennen lassen, finden sich noch andere kleine Grübchen, die, unter der Lupe besehen, feinere Haare entsenden, aber viel dichter stehen. Man bemerkt auch nicht an allen diesen Oeffnungen Haare, so dass sie wie Drüsenmündungen sich ausnehmen. Wir lassen für jetzt dahingestellt sein, was sie vorstellen. Im Integumente des Bauches sieht man viele solche zerstreut. Wenn sie in dieser Hinsicht nichts auffallendes besitzen, so ist dagegen ihr ausserordentlich dichtes Vorkommen im Spaltgrunde bemerkenswerth. Auch die seitlichen Wände der Spalte, wenn man bei der geringen Tiefe der letzteren von solchen sprechen kann, zeigen solche Grübchen. Durch diesen Befund wird man die Meinung, dass in der Spalte eine zufällige, etwas eingedrückte Hautstelle vorliege, zurückzuweisen genöthigt sein. Im Zusammenhalte mit dem von Owen beschriebenen Zustande wird zuzugeben sein, dass hier etwas anderes vorliege, und zwar etwas, welches auf eine Mammartasche bezogen werden kann. Bevor wir das in Erwägung ziehen, ist zu constatiren, ob wir es überhaupt mit einem Mammarorgane zu thun haben, d. h. ob ein Drüsenapparat vorhanden sei, der seine Ausführgänge gegen die fragliche Spalte richte. Die Entscheidung darüber ist nicht schwer, da ein die Bauchwand trennender Schnitt ganz in der Nähe des Spaltes geführt und sogar durch einen Theil des Drüsenapparates hindurchgegangen war. Die Präparation der betreffenden Hautstrecke von ihrer Innenseite her zeigte zunächst auf die starke Schichte des schon von Owen erwähnten Panniculus carnosus, den der auf einer 1½ cm langen Fläche durchschnittene Drüsenapparat durchsetzte. Dieser bildet einen abgeplatteten Complex von 4 cm Länge und 2 cm Breite. Die Präparation zeigt ihn aus Läppchen oder Schläuchen zusammengesetzt, von 14—16 mm Länge. Diese liegen vorwiegend schräg oder eben und convergiren gegen die fragliche Integumentspalte. Ihre Farbe ist blassröthlich. Dieser Läppchen mögen gegen 100 sein. An ihrem blinden Ende sind sie abgerundet, erscheinen aber schon da nicht in der Regelmässigkeit und Einfachheit, wie sie Owen von E. hystrix dargestellt hat. In Figur 4 gebe ich ein Bild des Drüsencomplexes von der Seite, an welcher der Bauchschnitt eine grössere Anzahl der Läppchen theils quer, theils schräg getroffen hat. Schon an den blinden Enden stellen sich unregelmässige Buchtungen dar. Unregelmässige Vortreibungen und Einsenkungen zeigen sich auch an dem verjüngten Theile der Läppchen, deren schlankere, wie Ausführgänge erscheinende Abschnitte nahe an die Lederhaut verfolgt werden können. Im Ganzen genommen sind jedoch auch hier die Theile minder deutlich sichtbar, als in der Owen'schen Figur, was aus dem nicht in Aktivität befindlichen Zustande des Apparates begreiflich wird. Die einzelnen Läppchen sind durch Bindegewebe zusammengehalten, welches eine Trennung der ersteren nur bis zu einem gewissen Grade zulässt. An den Läppchen selbst vermag das Messer keine ferneren Zerlegungen vorzunehmen.

Bevor wir auf den Bau dieser Organe und der bezüglichen Integumentstrecke näher eingehen, ist das Integument von Echidna sowohl bezüglich seiner Haare als auch seiner Drüsen zu prüfen, damit daraus für eine eventuelle Vergleichung mit der kritischen Stelle Anhaltspunkte gewonnen werden können.

Soweit ich es übersehen kann, ist nur wenig über den Bau der Haut von Echidna bekannt. Leydig erwähnt Echidna unter den Säugethieren, welche Haarbälge mit Haarbuscheln besitzen (l. c. S. 707). Ueber Drüsen findet sich nichts bemerkt.

In der Haut des Abdomens und zwar entfernt von der Areola finde ich folgende Verhältnisse: Die Haut bietet, abgesehen von den gröberen Faltungen, eine ziemlich ebene Oberfläche. Von der Epidermis war die Haarschicht grösstentheils defect und nur das Stratum Malpighii noch in continuirlicher Lage zu erkennen. An der Lederhaut fehlten Papillen. Eine oberflächlichere Schichte bot feinere Bindegewebszüge als die tiefere, welche den grössten Theil der Dicke der Lederhaut bildete. Jegliche Muskulatur ward vermisst. Die Haarbälge durchsetzen schräge die Lederhaut, und entsenden je ein Büschel von Haaren. Es sind deren 2—6; am häufigsten finde ich 2—3 Haare beisammen. Wie Leydig schon angibt, ist eines stets stärker als die übrigen, allein auch bei diesen waltet eine verschiedene Stärke,

II. Untersuchung.

so dass man eher sagen kann, es bestehe eine Abstufung in der Stärke. Man kann daher nicht gut das stärkste Haar ein Stichelhaar nennen und die übrigen alle als Wollhaare ansehen. Dazu fehlt der Gegensatz in der Stärke der verschiedenen Haare. Diese stimmen auch in ihrer Structur mit einander überein.

Für jedes einzelne Haar ist von dessen Wurzel an ein gesonderter Haarbalg vorhanden. Die einzelnen, einer Haargruppe angehörigen Haarbälge vereinigen sich aber gegen die Epidermis zu in eine gemeinsame Mündung. Die einzelnen Haarbälge sind in sehr verschiedener Art gruppirt und sind unter einander in enger Verbindung. Eine Vorstellung von der Gruppirung giebt ein Flächenschnitt von der Umgebung des Drüsenfeldes, wie es auf S. 27 bildlich dargestellt ist. Die Faserhaut der Haarbälge zeichnet sich durch bedeutende Mächtigkeit aus; dagegen bildet die Wurzelscheide nur eine dünne Schichte. Beim ersten Blicke scheinen Drüsen gänzlich zu fehlen, und soviel ist auch nach sorgfältiger Untersuchung sicher, dass ausserhalb der Haarbälge keinerlei Drüsen an der untersuchten Hautstelle vorhanden sind. Dagegen gelang es innerhalb der Haarbälge, resp. deren Faserhaut, die Anwesenheit kleiner Talgdrüsen zu entdecken. Nur selten bildeten sie an der Oberfläche des Haarbalges eine leichte Erhebung. Jede Drüse stellt ein längliches oder rundliches Läppchen vor, an welchem keinerlei Buchtungen oder Verzweigungen wahrnehmbar waren. Von dem Körper der Drüse konnte man einen feinen, mit Secret gefüllten Ausführgang schräg durch die Wurzelscheide zur Oberfläche des betreffenden Haarschaftes verfolgen. Diese Drüsen kommen nicht, wie es bei den Haarbälgen der Büschelhaare von Ornithorhynchus oben angegeben wurde, der gemeinschaftlichen Strecke des Haarbalges, sondern den Einzelbälgen zu. Jeder der letzteren besitzt deren mindestens eine. An einer anderen Hautstelle, und zwar seitlich gegen die dichtere Behaarung zu, waren die Talgdrüsen grösser, so dass sie auf Hautdurchschnitten sogleich ins Auge fielen. Sie buchteten die Follikelwand weit vor sich aus. Andere Drüsen fehlten jedoch ebenso.

Wenn wir diese Befunde der Betrachtung der Structur des Integumentes am Drüsenfelde zu Grunde legen, so finden wir wohl eine Wiederholung jener im Allgemeinen, aber mit manchem Neuen verknüpft.

Während der bindegewebige Körper der Lederhaut sich in gleicher Beschaffenheit auf das Drüsenfeld fortsetzt, so wird er in dessen Nachbarschaft durch eingelagerte glatte Muskulatur ausgezeichnet. Diese nimmt, auf dem Durchschnitte betrachtet, eine Zone ein, welche an Dicke nicht, wie es beim Schnabelthier oben angegeben wurde, der Einsenkung der Haarfollikel in die Lederhaut entspricht, sondern den gesammten derben Theil der letzteren einnimmt. Die Züge durchsetzen wie breitere oder schmälere Bänder, deren Umfang besonders auf horizontalen Schnitten deutlich wird, das Bindegewebe. Sie verbinden sich untereinander in

II. Untersuchung.

mannichfacher Weise, durchkreuzen sich dabei, oder lösen sich in kleinere Bündel auf. Auf Querschnitten trifft man sowohl die platten Züge als auch die kleineren Bündel in den verschiedensten Richtungen durchschnitten (Fig. 5 m) und sieht zugleich, dass viele Züge auch in schräger Richtung ihren Verlauf nehmen, aus tieferen Schichten in höhere, und umgekehrt, gelangen. Die feineren Züge finden sich im Gebiete der Haarbälge zwischen diesen, aber ohne alle directe Verbindung mit ihnen, wie ausdrücklich bemerkt sein soll. Die gröberen Züge, mit feineren untermischt, nehmen die Lederhaut jenseits der Haarbälge ein.

Die Haare sind auch am Drüsenfeld Büschelhaare und es gilt von ihnen dasselbe, was oben bezüglich anderer Localitäten bemerkt worden ist. Nicht so jedoch von den Drüsen der Haarbälge. Die im Integumente des Abdomens im Ganzen sehr unansehnlichen Talgdrüsen sind am Drüsenfelde durch beträchtlich ausgebildete Formationen vertreten. Jedem Büschel-Haarbalge sind 3—5 ansehnliche Talgdrüsen zugetheilt, welche an der Vereinigungsstelle der Einzelbälge ausmünden. Die Mündestellen der Drüsen erstrecken sich zuweilen auf den gemeinsamen Follikel, zuweilen sind sie mehr den Einzelfollikeln zugetheilt. Damit stehen sehr mannichfache Befunde der Weite der Ausführgänge im Zusammenhang. Diese gehen ohne jede scharfe Abgrenzung in die Drüsen selbst über, die letzteren bilden grössere oder kleinere Läppchen, die wieder secundäre Ausbuchtungen besitzen können. Oft ist das, was man Acinus nennt, nur eine Ausbuchtung des Ausführganges. Im Einzelverhalten herrscht eine grosse Mannichfaltigkeit, wie das ja von den Talgdrüsen bekannt ist. So können die Drüsen gleich als Beispiel für das gelten, was ich oben (S. 14 Anm.) bezüglich der Acini und der Alveolen geäussert habe. Auch in der Längsausdehnung herrscht Mannichfaltigkeit. Manche erreichen die Länge der Haarfollikel oder erstrecken sich sogar darüber hinaus (Fig. 5 t).

Ausser den Talgdrüsen kommt noch eine zweite Drüsenform am Drüsenfelde zur Mündung, das sind die Mammardrüsen. Ich ziehe diesen Namen jenem der »Milchdrüsen« vor. Diese Drüsen erscheinen in der durch Owen bekannt gewordenen Form, als keulenförmige Läppchen, welche dicht bei einander gruppirt sind. Andere gröbere Verhältnisse sind schon oben erwähnt worden.

Ich unterscheide für diese Gebilde den Ausführgang und das Läppchen selbst. Der erstere zieht meist schwach geschlängelt, selten so stark wie er in Fig. 5 d abgebildet ist, senkrecht durch die Lederhaut. Er mündet stets mit einem Haarbalge aus. Man könnte auch in einzelnen Fällen sagen, dass die Mündung neben jener des Haarbalges liege, aber dann ist sie so dicht an letzterem, dass man darüber streiten kann, ob jene Auffassung wirklich passend sei. Auf senkrechten Schnitten hat es den Anschein, als ob an jener Seite, auf welcher der Gang zum Haarbalg tritt, Talgdrüsen fehlten, oder minder voluminös wären, als im übrigen Umfange des

Follikels. Durch Horizontalschnitte wird das widerlegt, jedenfalls hat es keine ganz allgemeine Geltung. Auf den Querschnitten bemerkt man auch, dass der Gang ein weites Lumen besitzt. Die Wand des Ganges ist aber auf verschiedene Art eingefaltet, oder der Gang erscheint abgeplattet. In beiden Fällen ist das Lumen nicht weit offen, sondern auf eine schmale Spalte oder auf eine Sternfigur beschränkt. Aus diesen Gestaltungsverhältnissen entspringt eine grosse Mannichfaltigkeit des Verhaltens des Ganges auf senkrechten Durchschnitten. Nur an dickeren Schnitten erhält man ein etwas vollständigeres Bild. Für dünnere Schnitte ist Combinirung mehrerer derselben zur Gewinnung sicherer Vorstellungen vom Verhalten des Ganges nothwendig.

So verläuft der Gang bis in die Nähe der Läppchen. Bevor er in einem Läppchen verschwindet, ist sehr häufig eine Theilung in zwei Gänge wahrzunehmen. Diese bilden Windungen, wie auch der noch einheitliche Gang häufige Windungen ausführt.

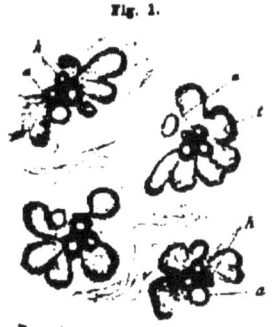

Fig. 1.

Horizontalschnitt durch die Lederhaut in der Nähe des Drüsenfeldes, durch vier Gruppen von Haarbälgen.

h Haare t Talgdrüsen a Ausführgang.

Dieses, sowie das folgende zu schildernde Verhalten stimmt nicht mit dem, was Owen über den Bau der Drüse angieht. Er sagt: »Each lobe is a solid parenchymatous body: The duct is more directly continued from a canal which may be traced about halfway towards the fundus of the lobule, the canal gives off numerous, short branches from its circumference, which subdivide and terminate in clusters of spherical »acini« or secerning cellules. The structure is on the same general plan as that of the mammary gland in higher Mammals, but the cellules are proportionally larger.« Dagegen ist es gewiss richtig, wenn Owen aussagt, dass die Läppchen bei beiderlei Monotremen keineswegs als »pyriform caecal pouches« gelten könnten. Sehen wir nun die Läppchen selbst näher an, so ergiebt sich für diese zunächst wiederum eine Zusammensetzung aus Canälen. Diese nehmen einen ziemlich geraden oder vielmehr schwach geschlängelten Verlauf und durchziehen mit diesem den grössten Theil der Läppchen. Sie zeigen gar nicht selten Theilungen, so dass die Volumenzunahme der Läppchen gegen das Ende zu, wenigstens zum grössten Theile, dadurch bedingt erscheint. In Figur 6 findet sich ein Theil eines Läppchendurchschnittes abgebildet, in welchem dieser Verlauf erkennbar ist. Es ist selbstverständlich, dass Schrägschnitte andere, und sehr mannichfaltige Bilder liefern, mit denen wir es hier nicht zu thun haben. Eine Fortsetzung des Ausführganges weit ins Innere des Läppchens, wie es bei Ornithorhynchus gesehen wurde, kommt bei Echidna nicht vor. Es wird also die Theilung gleich am Beginne der Läppchen so weit vor sich gehen, dass für den ferneren Verlauf der Canälchen keine Kaliberdifferenz mehr bemerkbar wird. Nach dem Ende der Läppchen zu wird eine bedeutendere Schlängelung der Canälchen beobachtet. Das kolbige Ende der Läppchen wird je von einer wechselnd starken Schichte gewundener Canälchen eingenommen und diese Schichte erstreckt sich, allmählich schwächer werdend, auch über die seitliche Oberfläche der Läppchen. Auch dieses Verhalten findet sich in Figur 6 ausgedrückt. Man kann also in den Läppchen eine Corticalschichte unterscheiden, welche durch »*Tubuli contorti*« gebildet wird, und eine innere Masse, die aus den »*Tubuli recti*« besteht. Letztere stossen am Beginne der Läppchen an die Oberfläche. Dass diese beiderlei Arten von Canälchen in einander übergehen, ist leicht zu constatiren. Die Stärke dieser Canälchen beträgt 0,05—0,06 mm. Die geraden Canälchen nehmen terminal einen gewundenen Verlauf. Die gewundenen Canälchen sind etwas weniger weit als die geraden, besitzen auch reichlicheres Zwischengewebe, lassen aber gleichfalls noch Theilungen erkennen. Somit besteht manche Uebereinstimmung mit dem von mir bei Ornithorhynchus Beobachteten.

Das Verhalten der Tubuli recti zu den Tubuli contorti ist nicht allgemein in der beschriebenen Weise ausgeprägt. Wie schon bei der Beschreibung des gröberen Befundes der Mammardrüsen dargestellt wurde, ergaben sich an manchen Läppchen manche Unregelmässigkeiten der Oberfläche, wodurch sie von dem, was Owen von Ech. hystrix so genau beschrieben hat, abweichen. Jene Variationen des Reliefs entsprechen einer Modifikation der inneren Struktur. Man sieht nämlich nicht selten eine Theilung eines Läppchens in kleinere Abschnitte, indem schon am Beginne eines Läppchens einige der geraden Canälchen seitwärts abbiegen und da in eine besondere Gruppe gewundener Canälchen übergehen. So entsteht im Läppchen ein besonderer Abschnitt, deren zuweilen mehrere vorkommen, womit jedoch die Oberfläche des Läppchens nicht immer alterirt wird. Auch im Verlaufe der geraden Canälchen kommen zuweilen stärker gewundene Strecken vor. Mit alledem möchte ich aussprechen, dass mannichfache Variationen in der Struktur der Läppchen obwalten.

Bezüglich des feineren Baues der Läppchen sei zuerst das Zwischengewebe erwähnt. Es ist Bindegewebe, in welchem Blutgefässe[*] sich vertheilen. Man trifft gar nicht selten auf die Durchschnitte von Arterien. Zwischen den Tubuli recti ist das Bindegewebe in langen Zügen angeordnet. Es führt viele spindel-

---

[*] Diese Gefässe sind immer nur kleinerer Art, welche niemals dem Durchmesser der Canälchen gleichkommen. Recht ansehnliche Gefässe, sowohl Arterien als Venen kommen dagegen zwischen den Läppchen, sogar nahe der Lederhaut vor.

förmige Zellen mit deutlichem Kerne. Zwischen den Tubuli contorti ist das Gewebe reicher, besonders nach der Oberfläche zu, und wird von sehr vielen Zellen durchsetzt, so dass es an manchen Stellen wie cytogenes Bindegewebe sich ausnimmt. Die Bindegewebsfibrillen sind an diesen Stellen auch feiner, und es scheinen auch sonst noch Eigenthümlichkeiten im Zwischengewebe zu bestehen. Ich bin diesen nicht nachgegangen, da sie für den von mir verfolgten Zweck keine Bedeutung haben.

In dem Baue der Canälchen besteht zwischen den mehr gerade verlaufenden und den gewundenen wesentliche Uebereinstimmung. An jedem Canälchen besteht eine äussere, an das insterstitielle Gewebe grenzende, sehr dünne Membran. Man könnte sie homogen nennen, wenn ihr nicht hier und da ein Kern eingebettet wäre. Dadurch wird auf eine Zusammensetzung aus wahrscheinlich verschmolzenen Zellen hingewiesen.

Nach innen von diesem Gerüste und zuweilen durch eine Spalte davon getrennt, finde ich eine etwas stärkere Schichte, welche in den meisten Fällen auf den Quer- oder Längsschnitten der Canälchen das auf sie folgende Epithel wie ein hellerer homogener Saum umzieht. An Canälchen, deren Epithel in seinem Verbande gelockert, oder gelöst, oder in eine detritusartige Masse umgewandelt war, überall war dieser Saum zu erkennen. Bei intaktem Epithel folgte er ihm unmittelbar angeschlossen. Das Epithel wird aus niedrigen Cylinderzellen zusammengesetzt, deren 8—10 auf Querschnitten der Canälchen in der Begrenzung eines ganz deutlichen Lumens sich finden. Eine etwas grössere Zahl nimmt den Querschnitt der weiteren Canälchen ein. Das war vielfältig zu constatiren, wenn auch nicht alle Läppchen gleich gut erhaltene Beschaffenheit kundgaben.

Als von besonderem Werthe muss ich den vorhin erwähnten »Saum« ansehen, weshalb ich nochmals auf ihn zurückkomme. Man sieht zwar in den meisten Fällen nicht mehr als beschrieben, aber oftmals konnte doch noch Weiteres beobachtet werden. Das ist einmal auf Querschnitten eine Theilung des Saumes durch an ihm bemerkbare feine Einschnitte in eine Anzahl von schmalen Segmenten, von nicht immer gleicher Stärke. Einzelne derselben lassen einen Kern bemerken. Auf der Fläche gesehen giebt die Wand der Canälchen eine deutliche Streifung zu erkennen, und dadurch grenzen sich einzelne langgestreckte, bandartige Felder ab, in welchen deutlich ein länglicher Kern zu erkennen ist. Es liegen also nach aussen vom Epithel noch Formelemente. Diese schmalen Bänder greifen mit ihren zugespitzten Enden in einander und sind eng an einander gefügt. Sie sind schmaler und dünner als die Muskelzellen der Lederhaut. Man wird diese Gebilde für nichts anderes halten können, als für glatte Muskelzellen. Ausser in den Läppchen selbst, habe ich dieses Verhalten auch an isolirten Canälchen unzweifelhaft erkannt. Die nachstehende Skizze giebt einige Vorstellung von diesem Verhältnisse. Man bemerkt zugleich, wie die Muskelelemente eines Bündels eine spiralige Anordnung besitzen. Die Canälchen der Mammardrüse sind also mit einer ausserhalb des Epithels liegenden, aber demselben unmittelbar folgenden Schichte glatter Muskelzellen ausgestattet. Durch das Vorkommen einer glatten Muskulatur wird auf die Drüsen ein besonderes

Fig. 8.

Licht geworfen. Sie stellen sich damit auf das Bestimmteste in die Kategorie jener anderen Drüsen, wie wir sie in den gewöhnlich als Schweissdrüsen bezeichneten erkennen. An den Schweissdrüsen von Ornithorhynchus ist von Ribiero (Op. cit.) eine Schichte glatter Muskelzellen beschrieben und abgebildet worden. An den Mammardrüsen habe ich zwar, nachdem mir einmal das Verhalten bei Echidna bekannt und sicher gestellt war, etwas ähnliches sehen können, allein bei weitem nicht mit der Deutlichkeit wie hier. Daher ist bei Ornithorhynchus eine Bemerkung darüber unterblieben.

Stark vergrössert.

Was den Ausführgang betrifft, so ist derselbe durch den Besitz einer Auskleidung von Cylinderepithel ausgezeichnet. Dieses ist anfänglich, im Beginne eines Läppchens, sehr niedrig, ist aber schon in der Theilung des Ausführganges höher geworden und da, wo der einheitliche Gang besteht, ist es noch ansehnlicher, und da zeigen sich zwischen den zum Lumen reichenden Elementen andere von schlankerer oder niederer Form, so dass man von einer Schichtung des Epithels sprechen könnte.

In der unmittelbaren Nähe der Mammardrüsen, an der Grenze des durch dieselben dargestellten Complexes, trifft man noch eine bemerkenswerthe Drüsenbildung. Man findet hier nämlich sehr ansehnliche Knäueldrüsen. Der sie darstellende Drüsencanal bildet bald dicht gelagerte, bald lang gezogene Windungen in unregelmässiger Art. Eine solche Drüse, deren Windungen ein grösseres Areal einnehmen, ist in Figur 8 dargestellt. Diese Drüsen sind mit einem sehr weiten Lumen versehen und senden ihren Ausführgang gleichfalls zu Haarbalggruppen.

Sehr niederes einschichtiges Cylinderepithel bildet die Auskleidung der Schläuche. Es stellen diese Drüsen wohl sogenannte Schweissdrüsen vor, im Vergleiche zu den Schweissdrüsen von Ornithorhynchus mit Modifikationen, unter denen die bedeutenden Windungen des Schlauches als das Hervorstechendste erscheinen. Aber auch dieses Verhalten bietet weder etwas Abweichendes noch etwas Auffallendes, wenn man den Drüsenapparat anderer Säugethiere mit in Betracht zieht. Als viel mehr auffallend dürfte das Fehlen solcher Drüsen im Integument weiter abseits vom Mammarorgane anzusehen sein.

III. Reflexion.

Die Ergebnisse dieser Untersuchung dürften im Folgenden zusammen zu fassen sein.

1. Das Integument der Monotremen besitzt an dem Drüsenfelde und dessen Umgebung zwar den gleichen Bau wie an anderen Stellen des Abdomens, zeichnet sich aber durch eine sehr reich entwickelte glatte Muskulatur aus, welche keine Beziehung zu Haarbälgen besitzt.

2. Die Haare und ihre Follikel besitzen am Drüsenfelde bei Ornithorhynchus und Echidna zwar ein verschiedenes, aber jeweils mit dem übrigen Integumente übereinstimmendes Verhalten.

3. Die Haarbälge besitzen in beiden Gattungen Talgdrüsen, welche bei Echidna sehr bedeutenden Umfang erreichen.

4. Die bei Ornithorhynchus sonst mit den Haarbälgen verbundenen Schweissdrüsen fehlen in der Haut des Drüsenfeldes. Bei Echidna kommen Knäueldrüsen erst seitlich vom letzteren vor.

5. Die Mündungen der Haarbälge nehmen dagegen in beiden Gattungen die Ausführgänge der Mammardrüsen auf.

6. Die Mammardrüsen sind tubulöse Drüsen, die Schläuche theilen sich terminal oder verzweigen sich und bilden vielfache Windungen. Bei Echidna wird ein Theil der Drüsenläppchen durch nur wenig gewundene Schläuche gebildet, die allmählich zum Ausführgang zusammen treten. Bei Ornithorhynchus ist der Ausführgang weit in der Längsachse der Läppchen verfolgbar.

7. An den Canälchen der Mammardrüsen (von Echidna) ist unmittelbar nach aussen vom Epithel eine Lage glatter Muskelzellen nachweisbar.

III.
Reflexion.

Die vorstehenden Ergebnisse müssen mancherlei Erwägungen hervorrufen: durch die Vergleichung der Theile des Mammarorgans mit Theilen des übrigen Integumentes, dann durch die Vergleichung der bezüglichen Befunde der Monotremen mit den Mammarorganen der übrigen Mammalia, endlich durch die Beziehung der bei Monotremen bestehenden Einrichtungen zu der Brutpflege wie zum Gesammtorganismus dieser Thiere.

Dass in den geschilderten Verhältnissen keine Thatsache enthalten war, welche in dem Mammarorgane ein Organ sui generis erblicken liesse, bedarf hier keiner Wiederholung. Es liegen in den einzelnen Bestandtheilen des Organes dieselben

III. Reflexion.

Gebilde vor, wie sie sonst die Haut beherbergt, nur dass diese Gebilde der besonderen Verrichtung gemäss umgebildet sich darstellen. Wie am Integumente treffen wir im Mammarorgane Drüsen mit den Haaren in Verbindung, und eine Kategorie dieser Drüsen stellt die Mammardrüsen vor. In der Verbindung der Ausmündestellen derselben mit Haarbälgen findet sich eine Verschiedenheit von den bezüglichen früheren Angaben. Ich lege dabei für's Erste weniger Gewicht auf Ornithorhynchus, da es ja nicht unmöglich ist, dass bei Weibchen in jener Hinsicht ein anderes Verhalten als bei den von mir genauer untersuchten Männchen besteht. Aber bei Echidna werden von Owen die Mündungen der Drüsen von anderen Befunden des Integumentes der Mammartasche, unterschieden, und bei der letzten auch keine zerstreute Haare besonders angeführt. Mit diesen hätten also die Drüsen keinen Zusammenhang.

Es ist aber angesichts der von mir gefundenen Thatsachen sehr wahrscheinlich, dass hier eine Veränderung vor sich gegangen ist, die wohl auf die Action der Drüsen sich gründet. Da das Organ von mir nur ausserhalb jener Function untersucht wurde, ist gewiss da auch der ursprünglichere Zustand vorhanden, der in der Verbindung der Mammardrüsen mit den Mündungen der Haarbälge besteht. Wenn diese Verbindung auch erst am äussersten Theile der letzteren stattfand, so dass man fast sagen könnte, sie mündeten jedes für sich aus, so ist doch die Zusammengehörigkeit beider zweifellos, denn jede Mammardrüse führt eben zu einer Haarbalggruppe. In dieser Hinsicht wird auch der Befund des männlichen Organs von Ornithorhynchus von Bedeutung, denn man wird auch in ihm einen niederen Zustand erkennen, im Vergleich zu dem weiblichen, bei dem selbstständige Mündungen der Drüsen angegeben sind. Allein dieses betrifft Fälle, bei denen die grosse Ausbildung der Mammardrüsen eine Functionirung derselben voraussetzt, durch welche eine Erweiterung der Mündung sowohl, als auch eine selbstständige Oeffnung derselben eingetreten sein wird. Vielleicht kommt auch ein Ausfallen der bezüglichen Haare in Betracht. Diese Zustände sind dann die secundären, den mehr primären gegenüber, wie sie in den indifferenteren Verhältnissen des männlichen Organes, und im weiblichen ausserhalb dessen Functionszustandes vorliegen.

Wenn man sich klar gemacht hat, dass die Mammardrüsen der Monotremen mit den Haarbälgen verbundene Drüsen sind und von solchen sich herleiten müssen, so dürfte die Frage, von welchen jener Drüsen die Herleitung ausgehe, nicht sehr schwer zu beantworten sein. Es kommen dabei zunächst beiderlei, mit den Haarfollikeln verbundene Drüsen in Betracht: einmal die Talgdrüsen und dann die tubulösen Drüsen, die man als »Schweissdrüsen« aufzufassen pflegt. Bei Ornithorhynchus sind diese beiden Drüsen im Integumente verbreitet. Auf dem Drüsenfelde besitzen aber die Haarbälge die eine Art, nämlich die Talgdrüsen, nur in unansehn-

III. Reflexion.

lichen Volumen. Dagegen mündet genau da, wo sonst eine tubulöse Drüse mündet, je eine Mammardrüse aus. Aus dem Baue derselben ging hervor, dass sie aus verzweigten Canälchen bestehen, dass jede Mammardrüse eine tubulöse Drüse vorstellt, wie immer sie auch durch die Windungen der Canälchen und die Verzweigung des Ausführganges in die letzteren complicirt sein mag. Es geht daraus hervor, dass wir berechtigt sind, diese Drüsen morphologisch für homolog mit den kleineren tubulösen Drüsen des Integumentes anzusehen. Die Verschiedenheiten sind hier in der That nur quantitative.

Bei Echidna liegt das Verhältniss nicht so ganz einfach, wenn wir zunächst Ornithorhynchus nicht mit herbeiziehen. Echidna besitzt im Integumente, soweit bis jetzt bekannt, nur Talgdrüsen mit den Haarbälgen in Verbindung. Tubulöse Drüsen sind noch unbekannt. In der Haut des Drüsenfeldes kommen Talgdrüsen gleichfalls vor. Sind nun die Mammardrüsen von diesen abzuleiten, oder wird man sich vorstellen dürfen, dass die ersteren etwa Weiterbildungen der Talgdrüsen seien? Für eine derartige Annahme spricht keine einzige Thatsache. Dagegen zeigt sich der Bau der Mammardrüsen in so grosser Uebereinstimmung mit jenen tubulösen Drüsen, dass die Ableitung von solchen nicht wird von der Hand gewiesen werden können. Diese Thatsache fällt viel schwerer ins Gewicht als der Umstand, dass bei Echidna die allgemeine Verbreitung tubulöser Drüsen im Integumente fehlt. Eine fernere Begründung wichtiger Art ist das Vorkommen tubulöser Drüsen, welche sogar Knäuel bilden, wenigstens in der unmittelbaren Nähe der Mammardrüsen. Jene Knäueldrüsen, welche ebenfalls mit Haarbälgen ausmünden, bilden die Vermittelung zu den einfacheren Schläuchen, wie sie bei Ornithorhynchus und anderen Säugethieren den Haarbälgen angefügt sind. Ziehen wir endlich Ornithorhynchus in nähere Vergleichung, so wird es vollends klar, dass die Mammardrüsen von Echidna gar keine andere Auffassung zulassen, als die in Betracht genommene, denn sie besitzen den gleichen tubulösen Bau und die gleiche Muskulatur. Es ist somit von allen Seiten begründbar, dass die Mammardrüsen der Monotremen aus tubulösen Drüsen des Integumentes entstanden seien, denselben Drüsen, die man sonst als Schweissdrüsen aufzuführen pflegt.

In welcher Weise ist nunmehr das Verhalten der Mammardrüsen der Monotremen zu jenen der übrigen Säugethiere anzusehen? Hält man das Vorstehende für begründet, so kann man darin vielleicht auch die Begründung einer gleichen Deutung der Milchdrüsen sehen. Weil bei den Monotremen die Mammardrüsen tubulöse Drüsen sind, so sind es auch die Milchdrüsen der übrigen Säugethiere könnte man sagen. Die bestehende Neigung, in den letzteren tubulöse Drüsen zu sehen, erhielte somit einen bedeutenden Vorschub. Einer solchen Deduction könnte ich nicht zustimmen. Sie wäre durchaus unkritisch, denn sie nähme ohne Weiteres etwas an, was nicht nur nicht erwiesen ist, sondern von dem sogar das gerade Gegentheil nachgewiesen wurde. Meine Darstellung des Baues der Mammardrüsen hat in allen einzelnen Punkten gezeigt, dass dieselben von den Milchdrüsen wesentlich abweichen. Wie die einzelnen Läppchen der Mammardrüsen, deren jedes als eine einzige sehr bedeutend vergrösserte Knäueldrüse gelten kann, sich schon in der gröberen Anordnung verschieden von den Milchdrüsen darstellen, so ist es noch viel mehr im feineren Verhalten der Fall. Dass die Tubuli der Mammardrüsen der Monotremen verzweigt sind, wie auch die Gänge der Milchdrüsen verzweigt sind, ist keine tief gehende Uebereinstimmung den sonstigen Verschiedenheiten gegenüber. Jede Art Drüsen kann verzweigt bestehen. Auch zweifellose tubulöse Drüsen bieten Ramificationen. Man braucht da nicht einmal an die Niere zu denken, denn Verzweigungen sind als Theilungen auch in den geknäuelten Canälen der Schweissdrüsen beobachtet. Ebensowenig kann ich die beschriebene leichte terminale Anschwellung der Canälchen am blinden Ende der Läppchen als eine Uebereinstimmung mit acinösen Drüsen, speciell mit dem Verhalten der Milchdrüsen gelten lassen, denn an jenen nimmt das Lumen theil, und es bestehen durchaus keine in Letzteres einwuchernde Formelemente. Dagegen bilden das gleiche Kaliber der Canäle auf ihrem ganzen übrigen Verlaufe, sowie *der Besitz einer glatten Musculatur unmittelbar unter dem Epithel* Umstände von viel grösserem Belange. Wollte man jenen im Ganzen doch nur geringen terminalen Erweiterungen, die nicht einmal allgemein vorkommen, eine besondere Bedeutung beilegen, so müsste man sie als die eigentlich secretorischen Theile der Drüse betrachten, als Acini, und damit stimmte ihr numerisches Verhältniss im Vergleiche mit dem Gesammtvolum der Läppchen nur wenig überein. Ich sehe jene Enden deshalb nur für Theile an, an denen vielleicht ein ferneres Auswachsen eines Canälchens vor sich geht, und kann sie auch in Anbetracht der Gleichartigkeit des Epithels nicht als von den übrigen Canälchen functionell differente Bildungen gelten lassen.

Da nun an den Milchdrüsen der übrigen Säugethiere, soweit man den Bau derselben kennt, weder in der Anordnung der Gänge noch in der feineren Structur derselben eine Uebereinstimmung mit den bezüglichen Theilen der Monotremen gegeben ist, folgere ich, dass die Mammardrüsen der Säugethiere differenten oder vielmehr diphyletischen Ursprungs sind. Die Drüsen der Monotremen sind andere als jene der übrigen Säugethiere.

Die Annahme, dass der die Monotremen mit den Säugethieren enger verknüpfende Apparat nicht der gleiche sei, wie bei diesen, hat wohl beim ersten Blicke wenig Einleuchtendes für sich. Man hat aber dabei zu bedenken, dass man es bei dieser Annahme nicht mit einer beliebig aufgeworfenen Meinung, sondern mit der Logik der Thatsachen zu thun hat, welche aus der fundamentalen Verschieden-

III. Reflexion.

heit jener Drüsen entspringt. Damit hat man zu rechnen. Es ist auch nicht der gesammte Apparat, für welchen ich eine Diphylie wahrscheinlich machte, sondern diese soll nur für die Drüsen gelten. Wie für die Monotremen tubulöse, den Schweissdrüsen ähnliche Gebilde den Ausgang bilden, so werden für die übrigen Säugethiere die anderen Drüsen des Drüsenfeldes, die Talgdrüsen, als Ausgänge der Mammardrüsen zu beanspruchen sein. Dieses letztere vermag ich nicht so ganz sicher hinzustellen, es besteht aber dafür eine Anzahl guter Gründe, von denen mehrere bereits oben (S. 15 Anmerk.) aufgeführt worden sind, die es höchst wahrscheinlich machen. Zu diesen kommt noch eine bei Echidna gemachte Beobachtung, nämlich das Vorkommen so bedeutend entfalteter Talgdrüsen am Drüsenfelde. Auch Owen erwähnt daselbst diese Talgdrüsen. Diesen Drüsen kann angesichts der Mammardrüsen nicht die Hauptrolle zukommen. Dass sie zu dem Integumente resp. dessen Behaarung in functioneller Beziehung stünden, ist deshalb wenig wahrscheinlich, weil sie an anderen Stellen so ganz gering entfaltet sind. Ihre Ausbildung am Drüsenfelde lässt eher Beziehungen zum Mammarapparate vermuthen. Diese können für jetzt noch nicht festgestellt werden, denn man muss in dieser Hinsicht verschiedene Fälle zulassen. Ihr Secret kann mit jenem der Mammardrüsen im Dienste der Brutpflege verwerthet werden und daher die Ausbildung abzuleiten sein, oder es fehlt diese Beziehung, und die Ausbildung der Drüsen deutet auf einen früheren Zustand, in welchem beiderlei Drüsen noch in einem gleichartigen Ausbildungszustande sich befanden und beide zusammen, jede nach ihrer Art, in die Function sich getheilt hatten.

Aus solchen Verhältnissen des Drüsenfeldes kann man die Entstehung der Mammardrüsen bei Monotremen und den übrigen Säugern sich vorstellen. Bei den Einen ist die eine Drüsenart, bei den Anderen die andere zur Ausbildung gelangt. Aber diese divergente Ausbildung hat zu Organen von verschiedenem Werthe geführt. Bei der Erwägung solcher Verhältnisse wird man erinnern dürfen, dass nicht wenige Organe, die man zunächst als homologe betrachtet, oder doch zusammenzustellen pflegt, polyphyletischen Ursprungs sind. So z. B. die Schwimmblasen der Fische. Auch die Scheidung des Blutkreislaufs der Wirbelthiere ist polyphyletisch zu Stande gekommen.

Die Function dieser Drüsen ist aber nur beim Bestehen einer Mammartasche verständlich. Da wir bis jetzt von Ornithorhynchus nichts derartiges kennen, besteht hier eine grosse Schwierigkeit. Es wird abzuwarten sein, ob nicht da etwa Aehnliches, wie bei Echidna, nachgewiesen wird. Man sollte denken, dass zuerst eine Stelle des Integumentes zur Bergung des Jungen, resp. des gelegten Eies, sich auszubilden hat, bevor der Drüsenapparat an der Brutpflege theilnimmt und eine demgemässe Ausbildung in Anpassung an die neue Function empfängt. Einem

5*

solchen Gange entspricht auch das ontogenetische Verhalten bei den Säugethieren, indem die Anlage der Mammartasche allgemein das Erste ist. Alsdann erst legen sich die Drüsen an.

Die Entstehung der Mammartasche, sei es auch nur zeitweilig, wird gleichfalls durch meine Untersuchungen etwas verständlicher. Owen nimmt an, dass sie durch bedeutenderes Wachsthum des umgebenden Integumentes entstehe. Ich bin viel eher der Meinung, dass der beschriebenen glatten Muskulatur der Lederhaut dabei eine Rolle zukomme. Prüfen wir die Beziehungen dieser, beiden Monotremen in ziemlich gleicher Art zugetheilten Muskelschicht etwas näher, so kann ihr eine Wirkung auf die Mammardrüsen nicht zugesprochen werden. Sie findet sich nur im Bereiche von deren Ausführgängen. Eine Wirkung auf diese aber kann höchstens in einer Verengerung oder einem Verschlusse derselben bestehen. Ob eine solche Wirkung in Wirklichkeit vorkommt, lasse ich dahingestellt. Wichtiger ist, dass die Muskulatur sich auch noch über die Areola hinaus erstreckt, das kann wenigstens für Echidna behauptet werden. Dadurch kommt die Beziehung zu jenen Ausführgängen ganz in Wegfall. Wir haben also an eine andere Leistung der Muskulatur zu denken. Denkt man jene Muskelzüge mit sich vergrössernden Elementen, also eine Volumzunahme der Muskelzellen, vielleicht auch begleitet von ihrer Vermehrung, etwa wie beides vom schwangeren Uterus bekannt ist, so wird die Folge eine Ausdehnung der betreffenden Hautfläche sein. Eine solche Fläche muss sich aber nothwendig krümmen, sobald sie im Zusammenhang mit anderem Integumente gegeben ist. Die Krümmung muss durch letzteren Umstand zugleich eine Concavität nach aussen herstellen, da der Rand jener Fläche beim Uebergange ins indifferentere Integument durch die wachsende Muskulatur gleichfalls mit ausgedehnt wird und sich folglich erheben muss. Ob ein solcher Vorgang wirklich besteht, werden spätere Untersuchungen festzustellen haben, durch welche ebenso der oben (S. 12) citirten Haacke'schen Angabe, von einem, gewissermassen durch das Zusammenfliessen der beiderseitigen Mammartaschen entstundenen Beutel, genauere Prüfung zu Theil werden wird.

In welcher Art man sich die Funktion der Mammardrüsen der Monotremen zu denken habe, bleibt noch ein zu besprechender Punkt. Ich habe absichtlich vermieden, sie als »Milchdrüsen« zu bezeichnen, denn alle Ergebnisse dieser Untersuchung liefen darauf hinaus, sie als von Milchdrüsen verschieden zu zeigen. Ihr Secret ist bis jetzt so gut wie unbekannt. Wenn auch Owen im Magen eines Jungen von Ornithorhynchus eine Substanz »geronnener Milch« ähnlich fand, so dürfte diese Angabe heute doch nicht so viel Werth haben, dass man daraufhin die Mammardrüsen sofort als Milchdrüsen erklären könnte. Es können viele Substanzen wie geronnene Milch aussehen. Mir scheint, dass man, auf den Bau der

III. Reflexion.

Drüsen gestützt, wenig Aussicht hat, »Milch« als das Secret erwarten zu dürfen. Welcher Art es wirklich ist, muss für jetzt noch unbeantwortet bleiben. Sind es doch vielerlei Produkte, welche bei Säugethieren durch tubulöse Drüsen ihre Abscheidung finden. Wie die Qualität des Secretes ist auch die Art der Aufnahme durch das Junge absolut dunkel. Dass das Secret reichlich und in flüssigem Zustande abgesondert werde, erscheint deshalb zweifelhaft, da das Junge doch nicht wohl von einer Flüssigkeit umspült sein kann, denn es hat Luft zu athmen!

Der Nachweis einer von den Milchdrüsen verschiedenen Art von Mammardrüsen liesse die Monotremen zu den übrigen Säugethieren in ein anderes Verhältniss treten. Das träfe mit mehrfachen anderen wichtigen Beobachtungen zusammen. Zu dem, was seit längerer Zeit im Geschlechtsapparate als eine bedeutende Eigenthümlichkeit der Monotremen bekannt war, sind in letzter Zeit noch andere Besonderheiten gekommen. Den Besitz einer Abdominalvene theilen sie mit Reptilien. Sie begründet die Annahme, dass die Entwicklung in anderer Art als bei Säugethieren ihren Verlauf nimmt, ebenso wie die Entdeckung reichlichen Dotters im Eie dasselbe als wahrscheinlich meroblastisch erscheinen lässt. Dazu endlich das Legen mit einer resistenten Schale versehener Eier (Haake, Caldwell). Der gesammte ontogenetische Weg ist auf diese Art in allen seinen einzelnen Etappen verschieden von dem der anderen Säugethiere. Wenn man dies Alles sich vergegenwärtigt, so verliert auch die Besonderheit der Mammardrüsen ihren befremdenden Charakter, denn diese Besonderheit bietet nichts anderes dar, als was in vielen anderen Stücken der Organisation der Monotremen schon bekannt war.

Aus all Diesem dürfte die Trennung der Monotremen von den übrigen Säugethieren schärfer begründbar werden, wenn man auch nicht zu der vor J. Fr. Meckel ventilirten Ansicht zurückkehren wird, dass die Monotremen gar keine Säugethiere seien. Denn der Begriff des Säugethieres ruht noch auf anderen Stützen, als jenen, welche die Existenz der Milchdrüsen und des daran saugenden Jungen darbietet. Wie auch die Qualität des Secretes der Mammardrüsen und die Art der Aufnahme desselben durch das Junge der Monotremen sich herausstellen mag, es ist hier ein Modus der Ernährung der Jungen gegeben, der seine allgemeinsten Züge mit dem bei den Säugethieren bestehenden gemein hat. Diese Ernährung besorgen »Hautdrüsen«, welche eine bedeutende Ausbildung erfuhren und dadurch in die »Mammardrüsen« sich umwandelten. Aber auch in diesem Zustande lassen diese Drüsen die Charaktere anderer Hautdrüsen, die sonst Schweissdrüsen vorstellen, erkennen.

Heidelberg, 3. Juni 1886.

Erklärung der Tafel.

Fig. 1. Theil eines Schnittes durch das Mammarorgan eines männlichen Ornithorhynchus. Schwache Vergrösserung.
  A. Aeussere Lederhautschichte mit
     h den Haarbälgen und
     m Zügen glatter Muskelzellen.
  B. Innere oder derbe Schichte der Lederhaut:
     a Ausführgänge der Mammardrüsen,
     b lockere Bindegewebszüge, welche von den Haarbälgen aus emporsteigen.
  C. Unterhautbindegewebe mit
     l Läppchen der Mammardrüsen,
     l' l" Tangentialschnitte durch die Enden zweier Läppchen,
     a' Fortsetzung des Ausführganges in der Axe der Läppchen.
     Keines der Läppchen ist vollständig in seiner Mitte getroffen, da sie ja keine ganz senkrechte, oder auch nur einer einzigen Ebene entsprechende Lage einnehmen.

Fig. 2. Mündung eines Haarfollikels mit der Mündung einer Mammardrüse von einem männlichen Ornithorhynchus.
  a Stichelhaar
  b Faserhaut des Haarbalges
  w Wurzelscheide
  d Drüsengang, von der Aussenseite gesehen,
  d' Erweitertes Ende desselben im Längsschnitte
  b Büschelhaare,
  t Talgdrüsen.

Fig. 3. Eine Strecke der Bauchhaut einer weiblichen Echidna setosa mit dem Beginn der Mammartaschenbildung, doppelt vergrössert dargestellt.

Fig. 4. Der Complex der Mammardrüsen derselben Echidna, von innen und etwas seitlich gesehen.
  Bei diesem Exemplare war ein schräger Schnitt durch die Bauchwand geführt, und dadurch ein Theil der Drüsen getroffen worden. Bei a sind dadurch die Enden einer Gruppe von Drüsenläppchen abgeschnitten.
  b Intacte Drüsenläppchen.

Erklärung der Tafel. 39

Fig. 5. Theil eines Schnittes durch das Drüsenfeld von Echidna setosa. Man sieht die Vereinigung eines Drüsenganges mit der Mündung eines Büschelhaarfollikels, aus welchem 3 Haare vorragen. Die Zeichnung ist aus den Zeichnungen dreier aufeinander folgender Schnitte combinirt.
- Ep. Epidermis.
- h zwei Haare.
- f Haarbalg.
- t Talgdrüsenacini (Alveolen).
- d Ausführgang eines Mammardrüsenläppchens.
- m Bündel glatter Muskelzellen.

Fig. 6. Ein Theil eines Durchschnittes durch die Mitte der Länge eines Drüsenläppchens von Echidna setosa. Man sieht die mehr gestreckt verlaufenden Drüsencanäle im Inneren, Windungen dagegen an der Oberfläche.

Fig. 7. Schnitt durch das Ende eines Läppchens entfernter von dessen Mitte.

Fig. 8. Eine Knäueldrüse aus der Nachbarschaft des Drüsenfeldes, von Echidna. Aus einer Schnittserie combinirt.

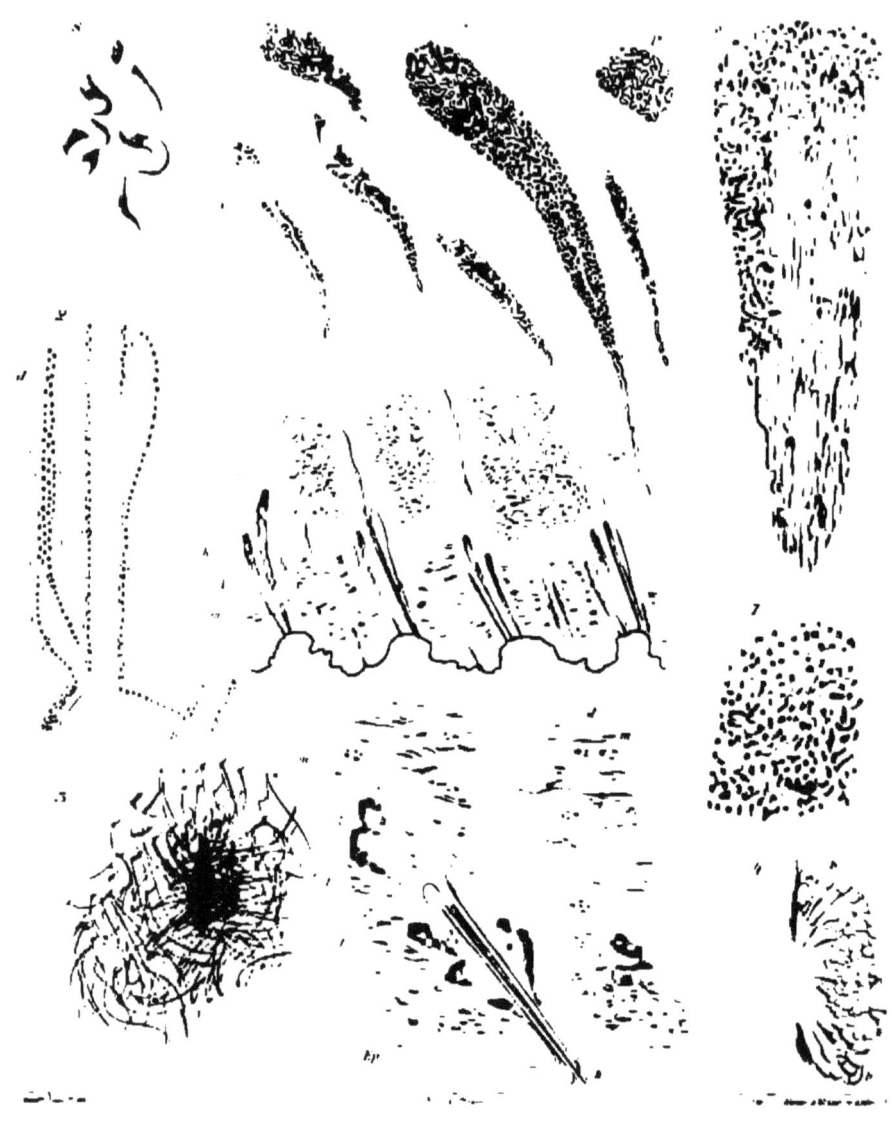